Jornalismo econômico

COLEÇÃO COMUNICAÇÃO

Coordenação
Luciana Pinsky

A arte de entrevistar bem Thaís Oyama
A arte de escrever bem Dad Squarisi e Arlete Salvador
A arte de fazer um jornal diário Ricardo Noblat
A imprensa e o dever de liberdade Eugênio Bucci
A mídia e seus truques Nilton Hernandes
Assessoria de imprensa Maristela Mafei
Comunicação corporativa Maristela Mafei e Valdete Cecato
Correspondente internacional Carlos Eduardo Lins da Silva
Escrever melhor Dad Squarisi e Arlete Salvador
Ética no jornalismo Rogério Christofoletti
Hipertexto, hipermídia Pollyana Ferrari (org.)
História da imprensa no Brasil Ana Luiza Martins e Tania Regina de Luca (orgs.)
História da televisão no Brasil Ana Paula Goulart Ribeiro, Igor Sacramento e Marco Roxo (orgs.)
Jornalismo científico Fabíola de Oliveira
Jornalismo cultural Daniel Piza
Jornalismo de rádio Milton Jung
Jornalismo de revista Marília Scalzo
Jornalismo de TV Luciana Bistane e Luciane Bacellar
Jornalismo e publicidade no rádio Roseann Kennedy e Amadeu Nogueira de Paula
Jornalismo digital Pollyana Ferrari
Jornalismo econômico Suely Caldas
Jornalismo esportivo Paulo Vinicius Coelho
Jornalismo internacional João Batista Natali
Jornalismo político Franklin Martins
Jornalismo popular Márcia Franz Amaral
Livro-reportagem Eduardo Belo
Manual do foca Thaïs de Mendonça Jorge
Manual do frila Maurício Oliveira
Manual do jornalismo esportivo Heródoto Barbeiro e Patrícia Rangel
Os jornais podem desaparecer? Philip Meyer
Os segredos das redações Leandro Fortes
Perfis & entrevistas Daniel Piza
Reportagem na TV Alexandre Carvalho, Fábio Diamante, Thiago Bruniera e Sérgio Utsch (orgs.)
Teoria do jornalismo Felipe Pena

Jornalismo econômico

Suely Caldas

Copyright© 2003 Suely Caldas
Todos os direitos desta edição reservados à
Editora Contexto (Editora Pinsky Ltda.)

Coordenação
Luciana Pinsky

Diagramação
Denis Fracalossi/Texto & Arte Serviços Editoriais

Revisão
Luciana Salgado/Texto & Arte Serviços Editoriais

Projeto de capa
Marcelo Mandruca

Foto e montagem de capa
Antonio Kehl

Dados Internacionais de Catalogação na Publicação (CIP)
(Câmara Brasileira do Livro, SP, Brasil)

Caldas, Suely.
Jornalismo econômico / Suely Caldas. – 3. ed. – São Paulo:
Contexto, 2024. (Coleção comunicação)

Bibliografia
ISBN 978-85-7244-247-3

1. Jornalismo econômico I. Título

03-5526	CDD-070.44933

Índice para catálogo sistemático:
1. Jornalismo econômico 070.44933

2024

EDITORA CONTEXTO
Diretor editorial: *Jaime Pinsky*

Rua Dr. José Elias, 520 – Alto da Lapa
05083-030 – São Paulo – SP
PABX: (11) 3832 5838
contato@editoracontexto.com.br
www.editoracontexto.com.br

Proibida a reprodução total ou parcial.
Os infratores serão processados na forma da lei.

SUMÁRIO

INTRODUÇÃO 9

CAPÍTULO I
A história 11
   A idade da imprensa 11
   Tempos difíceis 12
   O milagre da concentração de renda 17
   Expansão do jornalismo econômico 19
   Uma nova linguagem na tevê 20
   Catador de migalhas 24
   Jornalismo de opinião 26
   Independência para informar 27
   Paletó, gravata e maleta 007 29

CAPÍTULO II
O mercado de trabalho 31
   As chances 31
   A formação 32
   Um mercado feminino 33
   Os salários 34
   A crise da imprensa 34

Assessorias e agências 36
Precisa diploma? 41
Os prêmios na Economia 41
Os principais veículos 43

CAPÍTULO III

O dia a dia do jornalista de economia **47**
   A pauta 47
   Relação com as fontes 49
   O jornalismo de serviços 54
   A especialização do repórter 56
   O uso indevido das CPIs 60
   A macroeconomia 61
   Fitas e ética 63
   Relações perigosas 65
   Além da notícia 66
   A entrevista pingue-pongue 71
   Tentando fazer história 75
   A cobertura oficial 81
   O caso *The New York Times* 83
   O segredo do texto 84
   A arte de editar 86
   É ético pagar por uma informação? 89

CAPÍTULO IV

Jornalismo econômico on-line **93**
   Vendendo notícias 94
   A Broadcast 96

O poder da CVM 98
Informação e democracia 99
A demissão de Gustavo Franco 100
Bancos, fora! 101
O mercado de agências: 102

CAPÍTULO V
As emoções das boas reportagens 105
O compadre de Sarney 105
O caso Nacional 112
PP/Collor, a grande farsa 115

BIBLIOGRAFIA COMENTADA 133

INTRODUÇÃO

Foi por conservadorismo, preconceito, má-fé ou mesmo por pura preguiça, que se difundiu um mito segundo o qual as páginas de economia dos jornais só interessam e são entendidas por circunspectos senhores de paletó e gravata, sejam eles economistas, executivos, empresários, técnicos do governo ou profissionais do mercado financeiro. O que, de modo algum, é verdade. O que para muitos pode parecer apenas um código cifrado, um emaranhado hermético de gráficos e números destinado apenas à leitura de iluminados e especialistas, é de fato um guia de sobrevivência indispensável para nossa vida cotidiana: é lá que estão as notícias sobre juros e inflação, tarifas públicas e aluguel, golpes e trambiques, sobre o preço da carne e do feijão, o emprego perdido e o salário reduzido.

É preciso reconhecer que quem por vezes pode tornar o jornalismo econômico difícil e chato é o próprio jornalista. Isso ocorre quando o repórter ouve das suas fontes de informação uma série de explicações técnicas, um amontoado de expressões específicas (muitas em inglês), que realmente bem poucos entendem (às vezes, nem mesmo ele, repórter), e se limita a transcrevê-las nesse mesmo jargão, o chamado "economês". O jornalista age, assim, como mero papagaio que insiste em imitar o dono.

Ora, a linguagem jornalística é uma só. O texto sobre o déficit fiscal do governo deve ter a mesma simplicidade, objetividade e clareza de outro que descreve um confronto entre policiais e traficantes na favela ou daquele que narra a súbita disposição de Romário em disputar a bola com o adversário. O que muda é apenas o tema. Se o leitor não entender o que leu, é porque o jornalista não cumpriu sua função básica de informar. Escreveu como se fosse um burocrata e não como um bom repórter. O empresário tem lá seu vocabulário próprio, o economista lança mão de expressões técnicas da ciência econômica, o ministro fala no linguajar escorregadio do governo. Mas o jornalista deve ter preocupação e preparo para interpretar o que ouviu desses personagens e, ao escrever, traduzir tudo em linguagem simples e objetiva, capaz de ser entendida por qualquer um, do porteiro de seu prédio ao mais importante empresário do país.

No livro-reportagem *Olga*, o escritor Fernando Morais observa um detalhe da vida do comunista Luís Carlos Prestes que poderia passar despercebido por certos historiadores. O austero militar que comandou a Coluna Prestes fez sexo pela primeira vez aos 36 anos de idade. Como Morais, o jornalista também deve traduzir os números e as tabelas com que lida diariamente em fatos humanos e reveladores.

CAPÍTULO I

A história

A IDADE DA IMPRENSA

O jornalismo econômico tem a mesma idade da imprensa. Não há registro de um jornal sem notícias de fatos econômicos. O comportamento da economia de um país, região ou cidade influencia a vida das pessoas e elas precisam ser devidamente informadas para poder tomar decisões. Isso vale para qualquer um. Até para o motorista de táxi: se ele ignorar um aumento no preço da gasolina que vai acontecer amanhã, vai perder dinheiro ao não encher o tanque do carro hoje. Assim foi e será por toda a vida. O jornalismo econômico não nasceu com a ditadura militar de 1964, como afirmam alguns. Embora tenha sido naquele período, como veremos adiante, que ele realmente passou a ganhar relevo, importância, prestígio, forma, organização e, dentro da estrutura das redações, uma editoria própria.

No final do século XIX e início do século XX, os jornais brasileiros já traziam colunas fixas e diárias com temas exclusivamente econômicos. Por volta de 1920 o jornal *O Estado de S. Paulo* publicava uma coluna diária com o sugestivo título "Magnos problemas econômicos", assinada por Cincinato Braga. Nos anos 1930, o ex-presidente da Academia Brasileira de Letras, Austregésilo de Athayde, manteve, durante anos, uma coluna em *O Jornal* com comentários sobre o mercado de café, naquela época o mais poderoso motor da economia nacional. E nos primeiros anos do século XX os jornais passaram a publicar (o que fazem até hoje) seções de mercados, em página inteira, com informações sobre cotação de abertura e fechamento dos mercados dos principais produtos agrícolas, do ouro e da prata, por exemplo.

TEMPOS DIFÍCEIS

Getúlio e o Estado Novo

Em 1943, o Estado Novo de Getúlio Vargas provocou um impulso na economia brasileira, por intermédio da inauguração da Cia. Siderúrgica Nacional (CSN), em Volta Redonda (RJ), o que possibilitou o início da indústria pesada no país. Eram tempos, porém, de pesada censura à imprensa. Como *O Estado de S. Paulo* nem sempre se submetia a ela, o jornal teve decretada pelo governo federal a sua intervenção, que durou cinco anos. "Quando meu pai recuperou o jornal, em 1945, encontrou-o em situação financeira melhor do que deixou'", conta o Dr. Ruy Mesquita, diretor responsável pelo *Estadão* desde 1997.

Em 1945, quando recuperou o controle administrativo do jornal, Julio Mesquita Filho, seu dono, foi buscar na Europa Giles Lapouge, Frederico Heller e depois Roberto Appy para comentarem economia em suas páginas. Economista austríaco, vítima da perseguição nazista aos judeus, Heller acabou tornando-se consultor econômico da empresa da família Mesquita. Lapouge, intelectual e jornalista francês, até hoje escreve para o jornal, de Paris, onde vive. E Appy ainda faz parte da equipe de editorialistas da casa.

Já no segundo governo de Vargas, década de 1950, a economia prosperou e se diversificou sob o guarda-chuva do Estado. Foram criadas as estatais Vale do Rio Doce e a Petrobrás para explorar minério de ferro e petróleo, o que deu impulso à formação de muitas empresas-satélite. Como consequência, no período de redemocratização do país, as notícias econômicas também prosperaram, embora ainda fossem publicadas de forma dispersa, em páginas diferentes, sem organização.

Militares censuram a imprensa

O jornalismo econômico floresceu e só ocupou espaço próprio à época da ditadura militar de 1964. A política era privilégio dos generais, que a praticavam nos bastidores da caserna, quase sempre para conspirar entre eles próprios. Foi principalmente a partir do AI-5, em 1968, que os militares decidiram intervir diretamente na imprensa e controlar as notícias, proibindo a publicação de assuntos que eles elegiam de acordo com seus interesses específicos. Os jornais reagiram, uns corajosamente, não acatando as ordens, outros de forma menos ostensiva. No Rio de Janeiro, o *Correio da Manhã* foi o que mais resistiu. Acabou morrendo estrangulado, sem dinheiro para pagar custos e funcionários, depois de o governo cortar verbas publicitárias oficiais e passar a ameaçar as empresas privadas que ousassem publicar anúncios no jornal.

Em São Paulo, mais uma vez a família Mesquita não aceitou a imposição da censura e, no espaço de notícias vetadas, publicava em sinal de protesto receitas culinárias e versos de Camões, tanto no *Estadão* quanto no *Jornal da Tarde*. A indignação da população diante da supressão da liberdade criou um elo de solidariedade e de apoio à iniciativa e as vendas dos dois jornais cresceram.

Feita através de telefonemas de agentes da Polícia Federal aos jornais e revistas (a mais famosa censora era uma certa "dra. Sueli"), a censura parecia não seguir lógica alguma e, em alguns casos, chegava mesmo ao ridículo, de tão absurda. Os jornais foram terminantemente proibidos, por exemplo, de publicar notícias sobre uma epidemia de meningite que então se alastrava no Rio de Janeiro, o que deixou a população desinformada e ainda mais desprotegida em relação à doença. Foram censuradas até declarações de ministros do próprio governo (casos dos então ministros da Justiça, Armando Falcão; e do Exército, Orlando Geisel). Os agentes ligavam para as redações de jornais, revistas, rádios e tevês entre 18h e 19h. A secretária do editor-chefe atendia e escrevia exatamente o que lhe era ditado pelo agente. Assim, as páginas de política emagreciam na mesma proporção em que as de economia engordavam, indiretamente incentivadas pelos generais, ávidos em divulgar feitos do "milagre econômico" e da queda da inflação.

Índice proibido

Desta época, conservei comigo um arquivo com uma lista extensa de assuntos censurados, entre 1973 e 1974, através de telefonemas diários da "dra. Sueli" para a redação. A seguir, uma seleção sucinta deles:

• Reprodução do artigo de *Times* sobre a sucessão presidencial no Brasil. (01.03.1973)
• Menção de nomes em artigos sobre a sucessão. ("sugerimos artigos de forma abstrata") (!?) (09.05.1973)
• Encontro do general Geisel com o presidente Médici. (14.06.1973)
• Situação do jornal *Opinião*.(19.06.1973)
• Entrevistas do secretário-geral ou de membros da CNBB (Conferência Nacional dos Bispos do Brasil). (19.06.1973)
• Chegada do compositor Geraldo Vandré. (19.07.1973)
• Artigos a serem escritos por Julio Sanguinetti sobre situação no Uruguai. (24.07.1973)
• Dados e gráficos sobre epidemia de meningite e notícia sobre chegada de vacinas importadas. (30.12.1973)
• Alarme denunciando bombas em local público ou privado. Morte do sargento Manoel Raimundo Soares e qualquer comentário sobre a viúva, sra. Elizabeth Soares. (29.01.1974)
• Opiniões de membros da comitiva do presidente Geisel sobre Ministério. (01.02.1974)
• Censura a órgão de imprensa. (05.12.1974)
• Fica liberada matéria sobre sequestro do menino, em Curitiba, que pôde ser publicada, mas sem sensacionalismo. (29.03.1974)
• Comentário, análise, resultados, comparações sobre recessão econômica no país. (23.04.1974)
• Greve de ônibus em São Paulo. (02.05.1974) (Como se fosse possível esconder tal fato da população).

• Entrevista de Susan Agnew, filha do vice-presidente dos EUA, dizendo deixar o Brasil por estar ameaçada de sequestro. (29.08.1974)
• Entrevista de Gabriel García Márquez sobre tortura na Colômbia. (20.08.1974)
• Divulgação de prisão no território nacional de terroristas ou subversivos de qualquer classe social ou profissional, bem como ação de órgão de segurança em qualquer parte do país. (10.10.1974)
• Peça *Calabar* (de Chico Buarque e Ruy Guerra) e respectivas canções. (07.11.1974)
• Qualquer comentário ligado ao caso de Sérgio Fleury (torturador e delegado de polícia que matou o líder guerrilheiro Carlos Mariguela e morreu em circunstancias misteriosas). Qualquer comentário sobre Esquadrão da Morte. (11.12.1974)
• Abastecimento de carne, atuação dos açougueiros ou invernistas, requisição de rebanhos, inclusive transcrição ou referência a pareceres de juízes sobre esse assunto. (12.12.1974)
• Cidadão uruguaio que está na iminência de ser sequestrado, possivelmente em Curitiba. (26.12.1974).

O peso da censura

Respeitado e admirado por uma legião de repórteres econômicos, o jornalista Aloísio Biondi era diretor de redação do carioca *Jornal do Commercio*, em 1972, em plena ditadura, mas quando já se tornara mais intenso o debate sobre a concentração de renda no país. Biondi decidiu fazer então um caderno especial de crítica à política econômica do ministro da Fazenda, Delfim Netto. O caderno utilizava como fonte os próprios dados do censo do IBGE e sustentava-se nas análises de economistas opositores ao regime. Com uma dúzia de páginas, o caderno virou apenas uma montanha de papel inútil nos arredores da sede do jornal, na Rua do Lavradio, Centro do Rio. Não foi distribuído e transformou-se no maior encalhe, produzido pela censura, da história do jornalismo brasileiro. Pressionado pelos generais, o presidente dos Diários Associados (que editava o *Jornal do Commercio)*, senador João Calmon, acabou acatando "ordens superiores" e impediu a distribuição de um milhão de exemplares, que deveriam circular encartados em jornais dos Diários Associados em todo o Brasil.

O poderoso Delfim

No período governado pelos generais (1964-1984), o poder do ministro da Fazenda era quase ilimitado. A economia era administrada por decretos-lei, nada passava pelo combalido Poder Legislativo e a imprensa limitava-se a publicar a informação oficial simplesmente porque, sem oposição, não havia críticas, contrapontos ou contestações. Como em toda ditadura, a disputa pelo poder se passava dentro dele, em ambientes propícios a armadilhas e conspirações que a imprensa pouco registrou, ou por causa da ação feroz da censura ou por puro desconhecimento de causa. A disputa pelo Banco Central na virada do governo Castello Branco para o de Costa e Silva, por exemplo, foi uma dessas conspirações.

O Banco Central era autônomo e independente quando foi criado em 1966, no primeiro governo militar do marechal Castello Branco, e seus diretores não podiam ser demitidos, a não ser por motivo grave. Mas quando o general Costa e Silva assumiu, em 1967, seu superministro Delfim Netto queria indicar o amigo e sócio Ruy Leme para a presidência do Banco Central. Foi fácil: manipulada por Delfim, a imprensa começou a publicar suspeitas de que os integrantes da equipe econômica do general Castello Branco – Roberto Campos, Otávio Gouvêa de Bulhões e Denio Nogueira, este presidente do BC – teriam tirado proveito pessoal de uma desvalorização cambial. Foi instalada uma Comissão Parlamentar de Inquérito (CPI) na Câmara dos Deputados e a diretoria do BC acabou afastada. A manobra foi revelada por Denio Nogueira, em 1993, em depoimento/livro ao Centro de Pesquisa e Documentação da História Contemporânea do Brasil (CPDOC), da Fundação Getúlio Vargas. Poderoso e apoiado pelos generais, Delfim Netto, que continuou ministro no governo do general Emílio Garrastazu Médici, tinha sempre a palavra final. A imprensa não ousava contestá-lo.

Contudo, ao assumir a presidência, em 1974, o general Ernesto Geisel mandou Delfim para longe do país e do governo, nomeando-o embaixador na França. Incentivado por Geisel, o novo ministro da Economia, Mário Henrique Simonsen, surpreendeu o país ao denunciar a farsa da baixa inflação no período Médici. Embora até então impedida de tocar no assunto, a imprensa já sabia que os índices de inflação eram falsos, uma vez que a pesquisa de preços da Fundação Getúlio Vargas (FGV) simplesmente transportava para os índices oficiais os valores estabelecidos por um congelamento decretado por Delfim Netto – e desrespeitado por todos, produtores, industriais e comerciantes. Os produtos eram tabelados em um valor fixo, as lojas exibiam o preço oficial na parede, mas o vendiam pelo triplo dele. Com esta manobra, Delfim Netto manipulou o índice oficial de inflação, sempre inferior aos preços reais praticados na economia, em mais um triunfo do "milagre brasileiro". Ao assumir o ministério da Fazenda de Geisel, Simonsen denunciou publicamente a falsa inflação e a corrigiu.

Com o fim da ditadura e a conquista de um regime democrático, manobras, manipulações, falsificações de índices de inflação tornaram-se impossíveis de acontecer, pois sempre haverá uma instituição a denunciar, o cidadão a protestar, a imprensa livre a publicar. O órgão que produz o índice adulterado tende a perder a credibilidade e, em última instância, a desaparecer.

O MILAGRE DA CONCENTRAÇÃO DE RENDA

A partir da década de 1960, os jornais organizaram suas editorias de economia, atraindo os melhores – e mais bem pagos – profissionais do ramo. Como aquela era a editoria que mais crescia e ganhava espaço, o trabalho de apuração das informações passou a ser segmentado por setores econômicos específicos. E assim nasceu a especialização: repórteres que cobriam exclusivamente a Petrobrás, o Banco Nacional de Desenvolvimento Econômico e Social (BNDES), a Bolsa de Valores, o Banco Central, o Ministério da Fazenda, o Instituto Brasileiro de Geografia e Estatística (IBGE), a indústria naval (que prosperou financiada com dinheiro público), o comércio exterior, a economia do café etc. A especialização crescente teve o mérito de preparar e qualificar os jornalistas, que passaram a conhecer e entender melhor os mecanismos internos dos diversos setores econômicos.

Os militares incentivavam. Mas o feitiço acabou virando contra o feiticeiro. E a primeira reação consistente ao regime partiu justamente do dócil jornalismo econômico, no qual a censura só aparecia muito raramente. "Afinal de contas", como lembra o jornalista Sidnei Basile no livro *Jornalismo Econômico*, "traduzir o milagre econômico era a única forma que os jornalistas tinham de derrubar o regime militar e provar que ele era inviável".

Tudo começou no final dos anos 1960, no Instituto de Pesquisas Econômicas Aplicadas (Ipea), que os generais queriam transformar em órgão oficial a serviço da ditadura, mas que acabou convertido em fórum de ideias, muitas contra o regime. Os militares foram buscar na Universidade de Berkeley (EUA) o professor norte-americano Albert Fishlow para ajudar a estruturar as atividades do Ipea, pagando seu salário com dinheiro do Acordo MEC-USAID (estabelecido entre o Ministério da Educação e Cultura e a *United States Agency of International Development*). O primeiro dirigente do Ipea havia sido o ex-ministro do Planejamento do governo Médici, João Paulo dos Reis Veloso, responsável e incentivador do debate de ideias e da liberdade de pensar que caracterizam o Instituto desde sua criação.

Sete anos depois do golpe militar, em 1972, o IBGE divulgou os números de dois censos – o de 1960, cujos dados só foram tabulados dez anos depois, e o de 1970. A comparação dos números no intervalo de dez anos, antes e depois do golpe militar, mostrava com absoluta clareza que a renda do país tinha de fato crescido, como proclamavam os militares com ufanismo. Mas a distribuição dela havia piorado muito: os poucos ricos ficaram mais ricos, às custas da grande maioria de pobres, que empobreceram ainda mais. Foi uma ducha de água fria, a desmoralização do discurso dos militares, que apregoavam uma suposta melhoria na vida dos brasileiros após 1964.

O general Médici reconheceu: "A economia vai bem, mas o povo vai mal". Delfim Netto tentou remendar: "É preciso primeiro fazer crescer o bolo, para depois dividi-lo". As páginas dos jornais passaram a refletir um rico debate, que começou exatamente com um artigo do professor Albert Fishlow, denunciando a perversa concentração de renda produzida pela ditadura militar. Jovem professor da FGV na época, o economista Carlos Langoni respondeu à Fishlow com o livro *Distribuição de renda e desenvolvimento econômico no Brasil*, onde justificava a concentração da renda como uma etapa necessária da política econômica. Anos depois, já no governo Figueiredo, em 1980, Langoni foi presidir o Banco Central. Os argumentos usados por Fishlow influenciaram vários economistas no Brasil, entre eles Claudio Moura e Castro, Pedro Malan e Régis Bonelli. Os dois últimos acabaram indo fazer doutorado em Berkeley, levados por Fishlow.

EXPANSÃO DO JORNALISMO ECONÔMICO

Na época das restrições ao livre exercício do jornalismo impostas pelos generais, os periódicos passaram a oferecer aos leitores informações de serviço e utilidade pública. A editoria de economia também se adaptou aos tempos difíceis e especializou repórteres no segmento de economia popular. A extinta Superintendência Nacional de Abastecimento (Sunab) e o também extinto Conselho Interministerial de Preços (CIP), encarregados da fiscalização e reajustes de preços de alimentos e produtos industriais, tinham cobertura diária e obrigatória. Foi uma experiência positiva, que estimulou donas de casa a praticar o saudável hábito de ler jornal, informar-se sobre o aumento do preço do pão e da carne. Na carona, acabavam lendo também sobre outros assuntos. Embora os próprios jornalistas pouco valorizassem a área de abastecimento, ela caiu no gosto dos leitores e as notícias publicadas ali, com frequência, ganhavam chamada na primeira página.

Hoje, é verdade, a imprensa dá pouco espaço para a economia popular. Só *O Globo* e o *Estadão* mantêm páginas específicas, na editoria de economia, com o título "Defesa do consumidor", onde o leitor encontra informações e serviços de interesse popular, inclusive queixas contra produtos, empresas e denúncias feitas à Superintendência de Proteção e Defesa do Consumidor (Procon).

Também vem da primeira fase da ditadura o surgimento de jornais e revistas especializados em economia. A *Gazeta Mercantil* foi a primeira experiência de sucesso como jornal econômico informativo. A *Gazeta* já existia antes disso, mas era ilegível, limitava-se a veicular publicidade legal, editais, títulos protestados, pedidos de falências e concordatas, só interessava portanto a um público muito específico. Em meados de 1975, a *Gazeta* passou por uma reforma revolucionária e começou a publicar notícias organizadas por editorias (nacional, indústria, agricultura, negócios etc). O *Diário Comércio e Indústria*, conhecido pela sigla DCI, tratou também de fazer sua reforma, mas perdeu na competição direta com a *Gazeta*.

Além de os veículos de economia garantirem sucesso publicitário, que significava maior faturamento para as empresas de comunicação, em tempos de censura, regime fechado e imprensa política amordaçada, era uma tentação praticar jornalismo em um segmento para o qual os militares faziam vista grossa e, de certa forma, até estimulavam. Foi o que levou a Editora Abril a investir pesado neste filão editorial. Num primeiro momento, segunda metade dos anos 1960, a Abril criou as chamadas revistas técnicas, segmentadas por setores da economia e dirigidas às empresas e ao mundo de negócios que girava em torno deles. *Química e derivados*, *Plásticos e embalagens*, *Máquinas e metais* e *Transportes modernos* foram experiências de sucesso, puxadas pela diversificação da economia industrial. O curioso é que *Exame*, até hoje a principal revista de economia do país, nasceu como simples encarte delas, em 1967. O filhote cresceu e virou maior do que o quarteto que o gerou.

UMA NOVA LINGUAGEM NA TEVÊ

Tempos de ditadura, o jornalismo econômico de serviços alcançou também a televisão, com enorme sucesso. Porque entrava em lares de milhares de famílias, o noticiário de tevê era vigiado com lupa pelos militares. Frequentemente advertidos por emissários do governo, os donos de emissoras sabiam muito bem o que podiam e não podiam colocar no ar. Com exceção dos assuntos de cidades e esportes, havia muito cuidado em tratar de política e de informações internacionais, os principais alvos do crivo da censura. Porém, com o crescimento do mercado financeiro e do movimento de compra e venda de ações na Bolsa de Valores do Rio (a de São Paulo então apenas engatinhava), as emissoras começaram a perceber no jornalismo econômico de serviços um bom filão de mercado, atração sob medida para telespectadores ávidos por informações e análises de tendências capazes de aumentar os lucros de seus investimentos.

Mas era preciso inovar, criar formatos originais. Até os anos 1970, a televisão não tinha nenhuma experiência em lidar com assuntos econômicos. Havia uma certeza: o público de tevê abrange diferentes classes sociais. Portanto, nada de "economês"; a linguagem popular era obrigatória. Certamente foi pensando nisso que, em 1970, Otávio Frias, dono da *Folha de S. Paulo* e da TV Gazeta, convidou um ex-comentarista de futebol para dar o formato e conduzir um novo programa de economia na tevê. Colunista econômico da *Folha de S. Paulo* à época, Joelmir Betting (hoje colunista do *Estadão* e de *O Globo)* possuía os requisitos necessários para falar de economia com a mesma linguagem popular inovadora que desenvolvera antes, escrevendo sobre esportes nos jornais *O Esporte* e *Diário de São Paulo*, entre 1958 e 1962. Estimulada pela concorrência, a TV Cultura de São Paulo também criou seu programa de comentários e análises econômicas, chamando o jornalista Marco Antonio Rocha para atuar como âncora. Quatro anos depois, em 1974, a Globo compraria o passe de Marco Antonio Rocha.

O Chacrinha da Economia

A preocupação de Joelmir Betting com a explicação didática dos assuntos tratados e a popularidade de seu programa lhe valeram o apelido de "Chacrinha da Economia", referência ao animador de tevê Abelardo Barbosa, o Chacrinha, líder em audiência entre os anos 1970 e 80 com um programa popular de sucesso na Globo.

"Não apenas a linguagem, os assuntos abordados também têm que ser diferentes na tevê, no rádio e no jornal. São três áreas bem distintas. No jornal, o texto é mais livre, o espaço maior e a diversidade de temas também. No rádio, a linguagem é coloquial, você conversa com o ouvinte. Na televisão, o público é passivo e muda de canal se o assunto é chato, pesado. Você tem trinta segundos para explicar por que os juros não baixaram e que implicações isto tem na vida das pessoas. Tive brigas infernais com a Globo por um minuto de tempo", conta Joelmir Betting.

Hoje parece mais fácil. Mas, nos anos 1970, Joelmir Betting não tinha qualquer parâmetro para criar seu espaço na TV Gazeta. A fórmula que surgiu daquela experiência foi a de um programa semanal de duas horas intermináveis (tempo absurdamente longo em tevê), entre 21h e 23h, com o nome "Multiplicação do dinheiro" e que trazia notícias, entrevistas e debates, com ênfase no mercado financeiro. Betting chamou para auxiliá-lo dois jovens economistas: Miguel Colassuono (anos depois nomeado pelos militares prefeito de São Paulo) e Eduardo Suplicy (hoje senador pelo PT-SP, então recém-chegado da Universidade de Chicago, centro formulador de ideias neoliberais, onde fizera doutorado). Os dois participavam de debates com os convidados, em formato semelhante às mesas-redondas de futebol.

Dos melhores momentos da TV Gazeta, Betting lembra de um cruzamento que fez na edição de duas entrevistas que tinham os juros como tema central. "Quem inventou o bode" (expiatório dos juros), focalizou o economista Roberto Campos, ex-ministro do general Castello Branco, acusando Delfim Netto, ministro do general Médici na época, que respondeu com desdém: "Procura-se o bode". Betting entrevistou os dois separadamente, mas cruzou falas e cenas, editando em forma de debate e confronto. Pela criatividade, levou o Prêmio Esso daquele ano.

Comentários didáticos

Enquanto isso, o jornalista Marco Antonio Rocha fazia seus comentários econômicos com breves inserções nos noticiários diários da Globo. Baixinho, apresentava o quadro sentado em uma cadeira de altura especialmente elevada, que o deixava com os pés balançando no ar.

"Os comentários eram mais didáticos do que são hoje. Havia preocupação especial em levar para o homem comum uma linguagem muito simples, assuntos de seu universo e explicados com um didatismo quase de professor. Como o público era desinformado sobre economia, muitas vezes o comentário ficava só na explicação, não havia tempo para passar disso", lembra Marco Antonio Rocha.

A falta de familiaridade com assuntos econômicos do público de classes C e D, que sintonizava a Globo, redobrava a preocupação com o didatismo. As explicações precisavam ser detalhadas o suficiente para o tema ser entendido, mas tudo em um minúsculo espaço de tempo. De repente começaram a entrar na vida da população termos e expressões como inflação, Produto Interno Bruto (PIB), renda *per capita* e outros tantos, até então desconhecidos do grande público. Chegavam cartas endereçadas a Marco Antonio com perguntas por vezes ingênuas, a maioria pedindo explicações sobre o significado daquelas expressões, poucas indagando sobre as melhores opções de rendimento para o dinheiro.

"O formato tentava ajudar as pessoas a organizar suas economias. Quando era divulgado o índice de inflação, eu explicava seu significado para a vida das pessoas, como era feito o índice e seus desdobramentos na caderneta de poupança, no Fundo de Garantia por Tempo de Serviço (FGTS), no Imposto de Renda. Como a correção monetária indexava tudo na economia, todos os meses se repetiam essas informações", conta Marco Antonio.

Prestar serviços, explicar o reajuste da caderneta de poupança, o rendimento das ações da Petrobrás, atrair a atenção do público pelo seu interesse individual foi a saída encontrada pelas emissoras de tevê para enfrentar as limitações impostas pelo regime militar. Mas os jornalistas não se conformaram e tentaram reagir. A Associação dos Jornalistas de Economia e Finanças (AJEF) divulgou um documento reivindicando maior abertura para o jornalismo econômico, sobretudo na tevê, e mais facilidade de acesso a informações e fontes do governo. O texto foi levado ao general Ernesto Geisel, recém-empossado na presidência da República, em 1974. Marco Antonio Rocha, que se tornara figura popular pela aparição diária na televisão, estava na comitiva que foi à Brasília entregar o documento ao presidente. Recebidos pelo secretário especial de Geisel, Humberto Barreto, nada conseguiram naquele momento. O general pediu nada menos de dois anos de prazo para produzir respostas satisfatórias.

A distensão política arquitetada por Geisel e seu chefe do Serviço Nacional de Informações (o famoso SNI), general Golbery de Couto e Silva, de fato começou a chegar à imprensa escrita alguns anos depois, mas na tevê a vigilância rígida continuou. Abolida a censura, hoje o jornalismo econômico na tevê é menos preocupado com a explicação didática e em prestar serviços, sendo mais focado na conjuntura, nos efeitos das sucessivas crises econômicas dos últimos quinze anos, crises que afetam a vida das pessoas indistintamente, sejam pobres ou ricos. Mesmo os noticiários de horário nobre, de maior audiência, trazem assuntos econômicos relevantes, sem a preocupação obsessiva com o didatismo de Marco Antonio e Joelmir. Os sucessivos acordos com o Fundo Monetário Internacional (FMI), as polêmicas sobre as taxas de juros, o crescimento ou a queda da produção industrial e agrícola, o salto da balança comercial, o aumento do desemprego, todos esses são assuntos que passaram a ser abordados, com naturalidade, nos principais telejornais do país.

CATADOR DE MIGALHAS

No jornalismo econômico, as primeiras colunas com o formato de notas curtas surgiram nos anos 1970, junto com a ampliação de espaço para as editorias de economia, encolhimento das páginas de política e o *boom* do "milagre econômico" dos governos militares. Na *Gazeta Mercantil*, onde o destaque e o brilho eram conferidos ao repórter e às melhores matérias, o colunista econômico era chamado de "catador de migalhas", alusão às inúmeras notas que ele precisava apurar todos os dias. Não é fácil "catar migalhas", quando elas devem ou precisam ser boas, relevantes, trazem furos, novidades, informações desconhecidas. Nas sextas-feiras, quando o colunista escreve três colunas (a de sábado, a de domingo e a de segunda-feira) e precisa triplicar o número de notas, ele quase sempre relaxa e publica o que lhe chega, sem critérios mais rigorosos de seleção. Ao longo do tempo, com a introdução de uma nota maior e mais analítica na abertura, foi possível ao colunista começar a construir seu trabalho de fim de semana já na quarta ou quinta-feira. Mas com cuidado para não descaracterizar o que mais atrai a leitura de uma boa coluna: informações quentes e atualizadas.

Seja em economia, política ou sociedade, não há coluna de notas que não traga uma intriga, que não seja alvo de algum interesse, que não passe algum recado, que não tome partido de alguém. O escritor, dramaturgo e também jornalista Nelson Rodrigues chamava de "idiotas da objetividade" colegas de redação que costumavam dar lições de isenção e objetividade no jornalismo. O colunista gosta de citar Nelson Rodrigues ao ser cobrado por uma nota tendenciosa. Mas é o próprio formato da coluna, o superficialismo das notas obrigatórias e diárias, que criam situações de cumplicidade com as fontes de informação. O informante precisa do colunista e, muitas vezes, ousa utilizá-lo para conseguir determinado objetivo. E o colunista precisa do informante porque sabe que ele tem sempre uma nota nova para as horas de aperto. O resultado disso é ruim, pois se costuma cair na armadilha fácil da fofoca.

É claro que o colunismo de notas curtas não é só isto. Não raro, o colunista publica furos e pauta todos os jornais no dia seguinte. Mas em economia, se o furo é relevante não cabe numa pequena nota. Para receber o tratamento devido, precisa ser ampliado, explicado em detalhes. Por isso é comum o colunista de economia também escrever matérias no jornal. Pelo mesmo motivo, é mais interessante e útil a coluna de texto inteiro, que não se limita a informar um fato novo, mas descrevê-lo e analisar seus efeitos. Presta assim mais serviços à sociedade, esclarece melhor o leitor, indo além do superficial colunismo de pequenas notas.

JORNALISMO DE OPINIÃO

Com o fim da ditadura e a volta da democracia, a imprensa buscou adaptar-se à nova realidade política. Foi um aprendizado, não tão difícil como foi na Revolução dos Cravos em Portugal (em 40 anos de ditadura, os portugueses constataram ter desaprendido a lidar com a liberdade), mas tivemos de aprender a transitar do sistema fechado para a imprensa livre. Estimular o debate, expor ideias contrárias passou a ser preocupação dos jornais, que criaram editorias próprias de opinião.

Em 1986, José Sarney assumiu a presidência no lugar de Tancredo Neves e chamou o proprietário da indústria de brinquedos Trol, Dilson Funaro, para ser seu ministro da Fazenda. O debate sobre a desindexação da economia ocupava o centro das preocupações do jornalismo econômico. As linhas de pensamento acadêmico não eram tão divergentes e antagônicas, como as que colocam hoje em lados opostos a Pontifícia Universidade Católica do Rio de Janeiro (PUC-RJ) e a Universidade de Campinas (Unicamp). Todos estavam no mesmo barco, contra os militares. Mas era preciso trazer para as páginas ideias sobre a desindexação, o que fazer com a economia do país. As editorias de opinião passaram a encomendar artigos a economistas, sociólogos, empresários e trabalhadores e organizá-los em páginas específicas.

Funaro conseguiu reunir em sua equipe a PUC-RJ (Edmar Bacha, André Lara Resende, Pérsio Arida, Chico Lopes) e a Unicamp (Luiz Gonzaga Beluzzo e João Manuel Cardoso de Melo) e editou o Cruzado, um bem arquitetado plano econômico, cujo esqueleto foi concebido pela dupla Pérsio Arida e André Lara Resende, a mesma que mais tarde criaria a URV (Unidade Real de Valor) do Plano Real. O Plano Cruzado naufragou na ambição política de Sarney que, para ganhar as eleições, prolongou mais do que devia o congelamento de preços. A imprensa econômica refletiu esse fracasso nas páginas de notícias e de opinião.

Com a evolução da democracia, aumentou gradativamente o espaço de artigos de especialistas de fora do jornal. Mais ousados e independentes nos comentários sobre as ações do governo, os editoriais também ganharam espaço maior. Hoje as publicações mantêm equipes de jornalistas nas editorias de opinião com a função exclusiva de planejar, editar, escolher temas, encomendar e selecionar artigos. Alguns articulistas publicam seus textos com periodicidade definida, de uma semana ou a cada 15 dias. O índice de leitura de artigos é bem menor do que o de notícias, o que é natural. Mas trata-se de um leitor qualitativo, mais exigente, politizado e intelectualizado, que quer encontrar nas páginas de opinião debate e pluralidade de ideias.

INDEPENDÊNCIA PARA INFORMAR

Com raríssimas exceções, até o final dos anos 1950 não havia imprensa independente no Brasil. Todos os jornais e revistas eram ligados ao poder público e dele dependiam financeiramente. Os livros biográficos de Samuel Wainer, Nelson Rodrigues e Assis Chateaubriand descrevem inúmeros casos de publicações que se sustentavam com a ajuda financeira de algum político, ou criadas com crédito (na verdade doações) do Banco do Brasil, devidamente autorizado pelo presidente da República, amigo do dono. Assim, a pauta jornalística obedecia ao critério do interesse político do financiador. Se o jornalismo não era independente, tampouco o jornalista, que desfrutava de privilégios do Estado, como desconto em passagem aérea, preferência na fila para obter telefone e, sobretudo, um bom emprego público e isenção do Imposto de Renda.

Como não precisava dos donos de jornais para veicular o que queria, já que podia tudo, intimidar, prender e censurar, a ditadura militar de 64 começou a abolir doações financeiras e privilégios dos jornalistas e obrigou os órgãos de imprensa a buscarem independência econômica. Encolheu consequentemente o número de jornais, mas esta situação teve o mérito de provocar um sentimento de resistência, de busca pelos fatos, de difundir valores éticos, de elevar os salários diretos dos jornalistas e, enfim, de profissionalizar as redações.

Hoje a dependência financeira ainda existe em regiões do país onde jornais, rádios e emissoras de tevê pertencem a caciques políticos locais (casos do Maranhão com a família Sarney, Rio Grande do Norte, família Maia, Alagoas, família Collor etc.) ou são ligados a uma determinada facção político-partidária. Nos grandes centros urbanos, onde o leitor é mais politizado, isso é cada vez mais difícil. Acontecem casos isolados, mas a regra geral é a independência em relação ao Estado. Os jornais mais influentes do eixo Rio-São Paulo têm sua própria linha editorial, definida pelos proprietários das empresas, que defendem suas ideias no espaço dedicado aos editoriais. O progresso da democracia e o acirramento da concorrência tornaram difícil aos donos de jornais censurar ou impedir a publicação de notícias relevantes que desagradem à linha editorial.

Nas áreas de economia e política, os leitores têm sempre desconfiança, veem aqui e ali algum interesse a conspirar contra a isenção. O avanço da democracia e o fortalecimento das instituições democráticas ajudaram a inibir práticas de adesismo político ou favorecimento econômico. Órgãos de imprensa vivem de credibilidade, se o leitor deixa de acreditar no seu jornal, ele vira forte candidato ao fracasso e à falência. Porém, a descrença do leitor não é exclusividade nossa. No mundo inteiro é assim. Correspondente do *Wall Street Journal* (WSJ) no Brasil, o jornalista norte-americano Jonathan Karp defende seu jornal: "Muitas pessoas acham que o WSJ é a voz de Wall Street (onde está concentrado o mercado financeiro, em Nova York). Isto não é verdade, nossa linha é muito independente. Os melhores trabalhos do jornal trataram de escândalos denunciando grandes bancos de investimento, nossos maiores anunciantes. E os repórteres têm toda autonomia e independência em seu trabalho".

Karp não cita nomes, mas diz ter sido objeto de denúncias de empresários brasileiros cujas empresas têm ações negociadas na Bolsa de Nova York: "Foram queixar-se de mim aos meus chefes". Em agosto de 2001, ele escreveu um artigo para o WSJ sobre a campanha contra o fumo no Brasil, realçando seu sucesso político e o respeito que o Brasil ganhou no mundo. Creditava ao então ministro da Saúde, José Serra, a responsabilidade maior pela campanha. Só que o artigo foi publicado cinco meses depois, em janeiro de 2002, justamente na semana em que José Serra anunciou sua candidatura à presidência da República. "Várias pessoas no Brasil me acusaram de ter sido manipulado pelo ex-presidente Fernando Henrique Cardoso, desconfiaram da independência do WSJ e não acreditaram que a proximidade de datas entre a publicação e o anúncio da candidatura não passou de coincidência", argumentou Karp.

PALETÓ, GRAVATA E MALETA 007

Com o crescimento e sofisticação do mercado financeiro nos anos 1970, os empréstimos externos em "petrodólares" e a presença constante do Fundo Monetário Internacional (FMI) no país, o noticiário econômico passou a conviver com uma fartura de expressões estrangeiras e a incorporar jargões usados pelas fontes de informação, mas desconhecidos do leitor comum. Algumas, é certo, de tão corriqueiras no período de hiperinflação, como as operações *overnight*, caíram na fala popular. "Meu dinheiro está no *over*" – era a frase típica do depositante que procurava se defender da inflação e da desvalorização diária da moeda. Na página dedicada à indústria naval, por exemplo, era comum ver publicada a expressão *roll-on roll-off* (tipo de embarcação com esteira rolante, especializada em transporte de veículos), ou empresa *off-shore* (fora do país). Junto com outras tantas do gênero, essas expressões passaram a proliferar no noticiário de economia, sem que houvesse a devida preocupação da parte dos jornalistas de traduzi-las para seus leitores.

Os repórteres de economia começavam a se destacar em meio aos demais colegas na redação. Eram, inclusive, quase sempre os mais bem pagos. Alguns se comportavam de forma prepotente, empinando o nariz para os colegas de outras editorias, com pose de elite, julgando-se uma suposta "nata intelectual do jornalismo". Paletó, gravata e a indefectível maleta 007 – última moda na época, usada por empresários e executivos para carregar documentos – compunham o modelito típico do repórter econômico.

Lembro que, certa vez, lá pelos anos 1970, o pessoal da editoria de esportes do *Jornal do Brasil* pregou uma peça nos colegas da economia para provar que a função da maleta era unicamente a de compor o visual. Sem que ele percebesse, enfiaram um grosso catálogo de telefone na maleta do subeditor de economia, Carlos Alberto Oliveira (depois presidente do Sindicato dos Jornalistas do Rio de Janeiro, deputado e secretário do governo Brizola). Caó, como era conhecido, passou algum tempo desfilando e exibindo a maleta, ignorando o que na verdade ela carregava. Três dias depois, num final de tarde, quando a redação estava lotada de repórteres, Caó abriu a maleta e se deparou com o conteúdo dela. A gozação foi geral. Serviu para provar que a tal 007 não passava mesmo de um adorno. A arrogância começaria a desaparecer nos anos 1980, com a democracia, o fim da censura e o nivelamento, salarial inclusive, da profissão.

Na década de 1980, com a abertura política e o restabelecimento do debate de ideias, repórteres do Rio e São Paulo criaram a Associação de Jornalistas de Economia e Finanças (AJEF), núcleo de estudos e debates de temas econômicos, mas de conteúdo político, em consonância com os novos ares de abertura que o país finalmente respirava.

CAPÍTULO II

O mercado de trabalho

AS CHANCES

Apesar do enxugamento crescente de espaço e de profissionais em jornais, rádios, tevês e revistas, o mercado de trabalho para o jornalista econômico oferece mais oportunidades do que em outras áreas. Se for demitido de um grande jornal, o repórter de economia não terá tanta dificuldade de conseguir outro emprego, pois leva consigo conhecimentos e aprendizado aplicáveis a um grande número de publicações setoriais (revistas e informativos de empresas ou associações de classe, por exemplo) ou a empresas de consultoria e assessoria de imprensa.

Os jornalistas de economia nunca viveram uma situação de mercado de trabalho tão espetacular como no ano 2000. Não bastasse o surgimento naquele ano do *Valor Econômico* – que reuniu quase uma centena de profissionais para formar uma redação inteira – bancos, empresas e provedores de Internet resolveram criar seus *sites* e precisaram de gente que conhecesse economia. Nisso, a *Gazeta Mercantil* e as editorias de economia dos grandes jornais foram os que mais baixas sofreram. Houve uma enorme desorganização com o repentino desmanche de editorias inteiras. Repórteres inexperientes, com um, dois anos de profissão, pediam demissão para ganhar polpudos salários no *site* de uma grande empresa ou de um banco. Nunca havia ocorrido coisa igual. Pela primeira vez, a procura por profissionais tornou-se maior do que a oferta.

Mas a alegria foi fugaz. Em um ano, a bolha da *Web* furou, os *sites* sumiram, o desemprego reapareceu com força, a economia do país mergulhou no recuo do apagão, da falência da Argentina e das incertezas eleitorais, a receita publicitária minguou e as empresas jornalísticas passaram a viver a pior crise de sua história, agravada pela alta do dólar em 2002, que duplicou suas dívidas, contraídas na época do câmbio quase fixo de 1995-98. Toda a categoria jornalística sofreu os efeitos da tragédia, mas quem tinha conhecimentos – básicos que fossem – do funcionamento da economia, das fontes de informação dentro e fora do governo, certamente sofreu menos, viveu um desemprego mais curto.

A FORMAÇÃO

"No Brasil até o passado é imprevisível", disse certa vez o ex-ministro da Fazenda, Pedro Malan, surpreso e assombrado com bilionárias dívidas antigas do governo – os chamados "esqueletos", há anos perdidos em gavetas de Brasília e só recalculados no governo Fernando Henrique Cardoso (FHC). A formação do jornalista não deveria ser imprevisível nem improvisada, mas, às vezes, é. Há cursos de comunicação demais para o tamanho do mercado de trabalho, muitos deles de qualidade duvidosa. O estudante paga, pega o diploma e vai aprender fora da universidade, na prática cotidiana das redações. Claro, há exceções, cursos que se esforçam em contratar professores qualificados, mas esses são minoria e quase sempre falham na oferta da infraestrutura técnica necessária ao aprendizado prático.

Em parte porque há muita oferta de estagiários para o reduzido número de vagas, os principais jornais, revistas e tevês fazem cursinhos preparatórios, uma espécie de vestibular, para escolher os melhores. O resultado é sempre bom – para a empresa e para os escolhidos. Além disso, quem entra no jornalismo econômico tem a opção de aprofundar conhecimentos setoriais, frequentando cursos oferecidos pela Bolsa de Mercadorias e Futuros (BM&F), Bovespa, IBGE e entidades empresariais. Em geral gratuitos, esses cursos interessam ao jovem jornalista e também ao organizador, preocupado em se relacionar com profissionais qualificados, que conheçam economia e aquele setor específico.

UM MERCADO FEMININO

Se em esportes a predominância dos jornalistas é masculina e a presença feminina está restrita a só 10% (a informação está no livro *Jornalismo esportivo*, de Paulo Vinicius Coelho, Editora Contexto), no jornalismo econômico acontece praticamente o inverso. Isso foi diferente no passado. Nos anos 1960, as recém-criadas editorias de economia eram verdadeiros clubes do Bolinha: era proibido entrar mulheres. Nos anos 1980, porém, elas foram chegando, tomando espaço, mostrando competência e capacidade de organização e, em pouco tempo, começaram a ocupar as chefias.

No início dos anos 1990, elas já dominavam a área: a editora econômica de *O Globo* era Joyce Jane, do *Estadão*, Célia Chaim, da *Folha de S. Paulo*, Leonora de Lucena e do *Jornal do Brasil*, Cristina Calmon. Na *Gazeta Mercantil* brilhavam muitas estrelas, entre elas Claudia Safatle, Maria Clara do Prado, Beth Cataldo, Célia Gouvêa Franco, Angela Bittencourt e Vera Brandimarte. E, na Globo, Lilian Witte Fibe, egressa da Gazeta, acumulava a editoria de economia com o papel de apresentadora de telejornais. Todas comandavam homens e nunca se soube de problemas de competição ou de chiliques de quaisquer dos lados. Hoje, a proporção de mulheres no jornalismo econômico é de 70% para 30% de homens.

Foi nos anos 1980 que os homens começaram a se afastar das redações para criar suas próprias empresas de assessoria de imprensa. Alguns tiveram sucesso, outros fracassaram e não conseguiram voltar às redações. E as mulheres foram ficando, outras entrando, e assim viraram maioria. Nessa época, com salários inferiores aos dos colegas que saíam. Depois passaram a disputar o mercado de trabalho em condições iguais, não enfrentando mais os preconceitos dos anos 1960/70 e nem as regras ditadas pelos clubes do Bolinha. Hoje, o critério de escolha é o da competência, experiência e talento, não de sexo.

OS SALÁRIOS

O jornalista econômico já foi o mais bem pago no passado, quando as editorias de economia ainda estavam se organizando nas redações brasileiras. Hoje, os salários ainda são ligeiramente mais altos que os de outras editorias, mas não muito. Não é mais o setor do jornalismo que define os melhores salários. É conhecimento, cultura, competência, talento, bom texto e, sobretudo, capacidade de fazer uma bela reportagem em qualquer área do jornalismo, sensibilidade de capturar a atenção do leitor e transmitir o que tem a dizer com simplicidade e emoção, qualquer que seja o assunto. Lógico, desde que a notícia mereça ocupar um bom espaço no jornal.

As empresas, é claro, têm políticas de recursos humanos diferenciadas. A maioria oferece planos de saúde, poucas constituíram fundos de aposentadoria e as grandes têm restaurante próprio para funcionários. Os salários também variam. O *Jornal do Commercio* – jornal econômico mais antigo do país, com circulação restrita ao Estado do Rio de Janeiro – é o que paga menores salários, mas virou uma espécie de formador de profissionais para outros jornais. Ali, o repórter iniciante ganha, em média, seis salários mínimos, passando para cerca de oito se for transferido para uma empresa maior. Nas grandes publicações – *Valor*, *Estadão*, *Folha*, *O Globo* e revistas especializadas o salário médio é próximo de 16 mínimos, ligeiramente acima do que é pago por outras editorias, com exceção de política. Em Brasília, a média salarial melhora, há mais competição por talentos, e os bons profissionais ganham entre 32 a 40 salários mínimos mensais, aproximadamente. As empresas de assessoria de imprensa pagam melhor, porque o salário inclui uma espécie de "bônus" para convencer o jornalista a abandonar a redação.

A CRISE DA IMPRENSA

O século XXI começou mal para as empresas jornalísticas, que passaram a viver uma crise financeira sem precedentes na sua história. O crescimento do endividamento – com a tomada de créditos externos nos anos 1995-98, com o dólar em baixa – somado a investimentos malsucedidos em telecomunicações e combinado com a estagnação da economia nacional desde 2001 levaram grandes empresas a refazer suas estruturas, renegociar dívidas com credores e demitir funcionários. Quando a economia do país vai mal, a mídia é o primeiro setor atingido, porque empresas privadas, estatais e governo se retraem e cortam imediatamente verbas publicitárias. Empresas sólidas e de tradição, como o *Jornal do Brasil* e a *Gazeta Mercantil*, acumularam assim dívidas impagáveis com bancos e governo, deixaram de recolher impostos, terceirizaram seus funcionários para não pagar encargos trabalhistas e, volta e meia, enfrentaram greves por atraso de pagamento dos salários. Para elas, o futuro ainda é incerto.

A lei dos 30%

Durante todo o século XX vigorou uma lei segundo a qual empresas jornalísticas eram obrigatoriamente familiares, não podiam abrir o capital, nem vender ações de controle para outras empresas – fossem nacionais ou estrangeiras. Quando elas precisavam se capitalizar, vendiam debêntures para investidores privados, mas conversíveis em ações preferenciais, ou seja, fora do bloco de controle do capital, sem direito a voto, nem participação na gestão da empresa. No início dos anos 1980, por exemplo, a *Gazeta Mercantil* vendeu 24% de suas ações para cinco fundos de pensão de empresas estatais, que injetaram muito dinheiro no jornal, mas não podiam dar palpite na gestão. O único benefício seria o rendimento de dividendos. Nos anos 1990, o capital investido virou pó e os fundos ficaram a ver navios.

Esse modelo esgotou, os capitalistas desapareceram. A lei precisava mudar e mudou. Em 2002, o Congresso Nacional aprovou e o governo sancionou uma outra, que permite a venda de um terço das ações de controle das empresas de comunicação para qualquer investidor, inclusive estrangeiro. Mas, quem esperou que, no dia seguinte, desembarcasse no Brasil o australiano Rupert Murdoch, o magnata da mídia nos EUA e Grã-Bretanha, para comprar participações em empresas brasileiras, ficou frustrado. Afinal, a imprensa mundial também vive a sua crise. Atingidas pela bolha da *Web*, as ações de grandes empresas americanas e europeias desabaram. E os capitalistas adiaram sua chegada ao Brasil. Até os EUA, onde a regulação induz a pulverização e protege o cidadão contra o excesso de poder da mídia, a Comissão Federal de Comunicações alterou as normas, abrindo porteiras para uma onda de fusões e, consequentemente, para a concentração de poder em poucas empresas. E por quê? Alega-se ser esse o caminho para tirar as empresas da crise financeira.

ASSESSORIAS E AGÊNCIAS

Nos últimos dez anos, o mercado de trabalho para jornalistas em empresas que assessoram outras empresas na área de imprensa tem absorvido muita gente demitida das redações ou que acabou de concluir a universidade. São as empresas de assessoria de imprensa, que querem mudar de nome e virar "agências de comunicação". Entendem que seu negócio é bem mais amplo do que simplesmente divulgar *releases* e orientar executivos de empresas a lidar com a imprensa. Em 2002, elas criaram a Associação Brasileira de Empresas de Comunicação (Abracom), que conta hoje com 86 empresas filiadas, de um universo estimado em um mil, a grande maioria constituída de um ou dois jornalistas que se associam e oferecem serviços, que eles próprios executam – não são, portanto, geradoras de novos postos de trabalho. Na tentativa de identificar e dimensionar melhor este mercado, em junho de 2003 a Abracom concluiu pesquisa feita junto a 74 empresas do gênero e apurou o seguinte:

• Consideradas pequenas, 47% delas têm até cinco empregados e faturamento anual de até R$ 500 mil.
• As médias são 36%, com seis a 15 empregados e faturamento entre R$ 500 mil e R$ 5 milhões.

• As grandes são 16% (apenas 12 empresas), têm mais de 15 funcionários e faturamento superior a R$ 5 milhões.

• O número delas cresceu 150% nos últimos dez anos e a criação de novos postos de trabalho aumenta, em média, 10% a cada ano.

• As 74 empresas ouvidas na pesquisa empregavam 1.229 pessoas em 2002 e 1.345 em 2003 (nem todos são jornalistas).

• 55% das pesquisadas aplicam entre 31% e 60% de sua receita para remunerar funcionários.

• Com relação a benefícios, 74% mantém planos de assistência médica e 66% fornecem vale-refeição.

• O período de maior surgimento dessas empresas aconteceu entre 1991 e 1995. Entre 1996 e 2000 o aumento foi de 56%.

A novidade recente desse mercado é que as empresas estão mudando de perfil e ampliando seu portfólio de serviços. É claro que assessoria de imprensa é o carro-chefe, mas algumas já encontram demanda para outras atividades de assessoramento, como pesquisa, eventos, desenvolvimento cultural e responsabilidade social. Seu crescimento depende da capacidade de ampliarem a aplicação de seus conhecimentos e diversificarem ainda mais a atuação da empresa. E mudarem de tamanho, virarem grandes, como são as europeias e norte-americanas.

Elas surgiram a partir dos anos 80 e de forma desorganizada, da necessidade crescente de empresários e funcionários do governo se comunicarem com o público. Executivos não conhecem a mecânica de funcionamento de um jornal, revista ou emissora de televisão, as características de cada um, quem é o jornalista especializado no setor de sua empresa, como responder a uma pergunta incômoda. Precisam, portanto, ser treinados por alguém experiente, que conheça essa engrenagem. E de todos os segmentos do jornalismo é o de economia o mais procurado para executar essas funções.

"Temos um núcleo de jornalistas especializados em finanças para atender à demanda crescente de fusões e aquisições de empresas, às companhias de capital aberto que têm interesse em se relacionar com o público investidor, às que precisam divulgar balanços. Nos últimos anos, contratamos muitos jornalistas econômicos, inclusive os que saíram de *sites* ou foram demitidos das redações", informa Maristela

Mafei, sócia da Máquina da Notícia, uma empresa que tem seis mulheres como sócias, ocupa dois andares e meio de um edifício na Av. Paulista e emprega 130 pessoas, das quais 82 são jornalistas.

O salário encolheu

Até o fim dos anos 1990, para tirar jornalista do jornal, a empresa de assessoria de imprensa precisava oferecer um salário bem melhor, pagar o tal "bônus" para convencê-lo a mudar de emprego. Quem começava a profissão pela redação alimentava um certo preconceito, desmerecia o trabalho de assessoria, imaginava que teria de bajular ex-colegas para convencê-los a publicar uma nota ou uma notícia dispensável, mas de interesse do cliente. Na verdade, há assessores que ainda agem assim, vivem passando notas desinteressantes para colunistas, enchem a caixa de *e-mails* dos repórteres e depois telefonam para saber se eles receberam e se vão usar a informação no jornal. Caso tenham um "amigão" na redação, pedem ajuda, fazem chantagem emocional, apelam, dizem que seu emprego depende da publicação daquela nota.

Felizmente, hoje só uma minoria segue esta receita viciada. A relação assessor *versus* jornalista evoluiu e ficou mais profissional, o jornalista de assessoria não fica o dia todo no telefone procurando o amigo da redação. Ele descobre matéria na empresa que assessora, investiga o assunto que é notícia em potencial, apura, escreve. A Máquina da Notícia, por exemplo, mantém seis repórteres na Federação das Indústrias de São Paulo (Fiesp), apurando informações que são notícias, mais dez na Telemar, a companhia telefônica que está presente em 16 estados.

O "bônus salarial" começou a desaparecer com a profissionalização, mas a crise da Internet foi determinante. A suspensão ou encolhimento de *sites* acarretou a demissão de muita gente e, com a retração absoluta das contratações por parte das redações, os jornalistas foram amparados pelas assessorias de imprensa. Ainda com ligeira vantagem, os salários começaram a ser nivelados com os da redação. As empresas maiores costumam pagar três faixas salariais:

- Jornalista júnior – recém-formado, que ganha de seis a sete salários mínimos.
- Jornalista pleno – de experiência e qualificação medianas, com salário equivalente a 16 mínimos.
- Jornalista sênior – responsável pelo atendimento ao assessorado, com remuneração por volta de 25 salários mínimos.

Conivência na convivência

A profissionalização é hoje o tema mais discutido nas empresas de assessoria de imprensa. Nos anos 1980/90, como vimos anteriormente, o modelo era tirar profissionais das redações porque eles traziam conhecimento prévio do funcionamento do jornal, dos horários de fechamento, do processo de apuração da informação e, assim, eram pessoas aptas a corresponder às demandas do assessorado. Hoje isso tudo continua valioso, mas a profissionalização crescente forçou as empresas a criarem normas de conduta e estabelecer limites de independência na relação com os jornalistas de redação. Da mesma forma que o assessor se vale da amizade do repórter para divulgar os interesses de seu cliente, o repórter usa o mesmo recurso para convencer o amigo assessor a revelar informações confidenciais da empresa para a qual presta assessoria. Seria isto eticamente válido? A jornalista Andrea Gouvêa Vieira, ex-executiva da Edelman e com experiência neste mercado, acusa esse jornalista-assessor de violar a confiança e enganar a empresa onde trabalha:

"Ter conhecimento do cotidiano das redações é positivo, credencia o jornalista que trabalha em assessoria. O negativo é quando há conivência das duas partes" – avalia Andrea Gouvêa Vieira. "Seja por amizade ou por se considerar mais repórter do que assessor, ele acaba revelando informações sigilosas, prejudiciais ao cliente e a que só tem acesso por estar assessorando alguém. O jornalista também não pode exigir do amigo informações que ele não possa dar. Infelizmente esta relação ainda é promíscua."

É válido, e até bem-vindo, o esforço do repórter em usar de meios não convencionais para conseguir uma informação de interesse público. Mas há meios e meios, limitações de natureza ética que não recomendam, por exemplo, que ele seja responsável pela demissão do amigo assessor. Este é um debate longe de estar amadurecido e está inserido em outro mais amplo, que a Abracom tem levado a universidades e sindicatos – o de mudar a denominação dessas empresas para "agências de comunicação".

Por que agências?

João Rodarte é jornalista por formação e executivo por vocação. Ele é presidente da Abracom e principal acionista da Companhia da Notícia (CDN), a maior empresa de assessoria de imprensa do país (emprega 130 pessoas, das quais 70 são jornalistas, e faturou R$ 20 milhões em 2002). Para crescer, diz ele, essas empresas devem ampliar o campo de atuação, explorar outras áreas da comunicação. Assessoria de imprensa ainda é o segmento mais forte, mas a tendência é perder força dentro dos negócios das "agências de comunicação".

"O credenciamento para trabalhar nessas agências é ter formação em comunicação, não necessariamente jornalística. O que caracteriza o profissional é o que ele faz, o conhecimento e talento para se comunicar com o público, seja ele sociólogo, historiador, relações públicas ou jornalista. No Brasil, a lei trata o jornalista como trata o médico, o engenheiro ou o advogado. Essas são profissões que exigem conhecimento técnico próprio, jornalista nem tanto. O comunicador não precisa ser jornalista. Se ele sabe escrever e conhece a máquina do jornal, ótimo. Mas é ótimo também que conheça história, política, sociologia e o fundamental – saber comunicar-se. Na CDN organizamos eventos, assessoramos empresas em desenvolvimento social, cultural, ambiental, responsabilidade corporativa, enfim, precisamos de gente que tenha formação e experiência de vida nessas áreas, não só em jornalismo. Esse é o caminho das agências de comunicação para crescerem e virarem grandes empresas, como na Europa e Estados Unidos. A camisa de força da assessoria de imprensa começa a ser rasgada", aposta João Rodarte.

PRECISA DIPLOMA?

Na polêmica sobre a necessidade ou não do diploma universitário e do registro de jornalista para exercer a profissão, a questão levantada por Rodarte desponta e atrai a oposição da maioria dos estudantes e de dirigentes dos sindicatos. No meio dos jornalistas, há divisão. Nas décadas de 1970/80, os sindicatos exerciam vigilância feroz contra qualquer texto publicado em jornal de autor não jornalista. A evolução da democracia obrigou-os a tratarem da questão com maior tolerância, mesmo porque ideias e opiniões não são exclusividade de jornalistas, mas de pensadores, estudiosos, especialistas. Hoje há inúmeros articulistas com espaços fixos, assumindo características de colunistas. São historiadores, cientistas políticos, economistas, religiosos, até professores da língua portuguesa, publicando textos que extrapolam os limites da legislação, simplesmente se impõem pelo desejo dos leitores de encontrarem no jornal análises e opiniões de estudiosos e especialistas.

Os cursos de comunicação são úteis e disso sabem as empresas jornalísticas que se abastecem nas universidades quando precisam de estagiários. É criticável a qualidade dos cursos, mas são eles que ensinam ao estudante técnicas de reportagem, texto e edição, transmitem cultura específica, treinam conhecimentos necessários ao exercício da profissão. Isso é real. Só que a publicação jornalística abrange especialidades diversas, da economia à culinária, e oferecerá um péssimo cardápio aos seus leitores se não trouxer colunas, análises e comentários de especialistas de áreas diversas, que não são jornalistas. Mas, ao pé da letra, a legislação condiciona a prática profissional – geral ou específica – à posse de um diploma universitário.

OS PRÊMIOS NA ECONOMIA

Mais do que em qualquer outro segmento do jornalismo, o econômico é o que mais tem concurso de prêmios de reportagens, quase sempre elegendo um tema previamente definido, de interesse do premiador. Assim, a Bolsa de Valores de São Paulo (Bovespa) premia a melhor matéria publicada em jornais e revistas sobre o mercado de ações, a Federação das Indústrias do Rio de Janeiro (Firjan), sobre economia do estado do Rio de Janeiro.

Há aproximadamente 50 concursos, promovidos, em geral, por empresas privadas ou entidades representativas de um setor empresarial. O objetivo é provocar o interesse do jornalista pelo tema definido, aproximá-lo dos empresários do setor e publicar matérias em vários órgãos de imprensa. Além de ter seu setor ou empresa presente na mídia, o premiador economiza dinheiro, já que os recursos gastos com a premiação costumam ser inferiores à alternativa de veicular publicidade paga em várias publicações, sobretudo as de circulação nacional. Portanto, compensa. Não quer dizer que o jornalista vá fazer de sua matéria um mero *release* de propaganda – e os jurados, quando jornalistas, procuram julgar com independência, escolhendo as matérias de melhor qualidade e de conteúdo crítico.

Os dois mais importantes prêmios de jornalismo no país, abrangendo diversas categorias (tevê, rádio, jornal e revista) são promovidos pela Esso Brasileira de Petróleo e pela Empresa Brasileira de Telecomunicações (Embratel). A soma de premiações ultrapassa a R$ 100 mil e os temas são livres. É uma glória para o jornalista e sua empresa ganhar um desses prêmios. Mas existem outros importantes. Entre eles, podemos citar:

• Sindicato dos Jornalistas de São Paulo (Prêmio Wladimir Herzog): tema livre.
• Fundação Ayrton Senna (Prêmio Ayrton Senna): reportagens relacionadas ao terceiro setor e a questões sociais.
• Prêmio Fiat Allis de jornalismo econômico: tema livre.
• Federação Brasileira de Bancos (Febraban): matérias de jornalismo financeiro.
• Associação dos Profissionais de Investimento do Mercado de Capitais (Apimec): reportagens sobre mercado de capitais.
• Associação Brasileira da Indústria de Máquinas (Abimaq): tema relacionado ao desenvolvimento da indústria de bens de capital.
• Organização Nacional da Indústria de Petróleo (Onip): matérias sobre economia do petróleo.

Há, como visto, uma infinidade de prêmios, alguns até curiosos como o Prêmio Brasil Cachaça de Jornalismo, promovido pela Associação dos Produtores de Cachaça de Alambique, que concede R$ 1 mil para a melhor matéria, com direito a degustar umas e outras cachacinhas, branquinhas ou amarelinhas. Além disso, anualmente, o Citibank realiza concurso para jornalistas que desejem passar uma temporada estudando na Universidade de Columbia, em Nova York, onde o curso de comunicação é um dos mais prestigiados do mundo.

OS PRINCIPAIS VEÍCULOS

Cada jornal ou revista econômica tem características próprias. Podem até trazer *matérias* sobre os mesmos assuntos, mas o tratamento que dão a elas, os critérios de edição, as prioridades de temas são diferentes. Como é impossível detalhar cada uma das muitas publicações existentes no país, vamos sintetizar um pequeno retrato das principais:

Valor Econômico – No espaço nobre da primeira página, prioriza informações macroeconômicas, mas sempre inclui algum assunto de negócios ou de disputa entre empresas. O noticiário é organizado em cinco grandes áreas: macroeconomia e política, legislação e tributos, internacional, finanças, empresas e tecnologia. Até junho de 2003, publicava diariamente o caderno Eu&, de cultura e lazer. Modificado devido a demissões de alguns jornalistas, acabou virando revista, saindo às sextas-feiras. O espaço dado à opinião é generoso. Diferente do concorrente *Gazeta Mercantil*, publica fotos.

Gazeta Mercantil – Adotou a estratégia de privilegiar matérias de *marketing* e negócios. Valoriza menos do que os outros a macroeconomia. Difere dos concorrentes, por exemplo, ao não publicar em manchete a decisão do Banco Central de reduzir os juros. Quase sempre a manchete econômica dos outros jornais merece na *Gazeta* uma chamada menor, discreta, na primeira página. Em compensação, exige dos repórteres especialização e fontes de informação nos setores mais variados da economia, para alimentar a exigência de notícias exclusivas e de relatos de novidades no mundo dos negócios. Por isso mesmo, é muito focada na vida das empresas.

Exame – É a revista especializada de maior tiragem e há tempos segue a linha de focar a microeconomia e os negócios, procurando sempre trazer histórias de sucesso de empresas ou de executivos que mudam a realidade da empresa. Estratégia que tem se mostrado acertada. A imagem, o visual bem editado, a foto colorida e em destaque são prioridades nessa estratégia. Porém, não consegue sair da armadilha da foto posada do executivo em frente ao prédio da empresa.

O Estado de S. Paulo – Entre os jornais não especializados, é o que dedica maior espaço à economia, com caderno diário de 10 ou mais páginas. Pela importância que atribui à economia, é frequente a matéria de abertura do caderno ir para a manchete do jornal. A macroeconomia é forte, mas nunca deixa de publicar notícias de negócios, quando possível em mais de uma página. Publica a edição brasileira do *The Wall Street Journal*, o que fortalece a tradicional imagem de jornal brasileiro que mais destaca assuntos internacionais. Seu caderno de economia é o único que publica editorial na página de opinião, onde o leitor encontra também duas colunas econômicas (Joelmir Betting e Sonia Racy) e um artigo, quase sempre de um colaborador fixo do jornal.

Folha de S. Paulo – Com o título *Folha Dinheiro*, o caderno de economia tem sete páginas de notícias, divididas com espaço publicitário, e três de cotações. Como no *Estadão* e *O Globo*, o texto de abertura quase sempre é de alguma decisão do governo, indicador econômico, declaração de um ministro, ou seja, um tema voltado para a macroeconomia. A opinião, marca registrada da linha editorial da *Folha*, tem lugar de destaque na página dois do caderno, com a coluna "Painel S.A" e um artigo de algum colaborador fixo, além da coluna de Luís Nassif, na página três.

O Globo – Dos não especializados, é o que dedica menor espaço à economia. Não possui caderno próprio, dividindo com Internacional e Esportes um encarte do jornal, separado do primeiro caderno. As notícias econômicas ocupam quatro páginas, divididas com anúncios, e cotações e indicadores econômicos são resumidos em uma página. A manchete é macroeconômica, há preocupação com a economia do Rio de Janeiro e é a publicação mais atenta em conquistar leitores com assuntos de interesse do consumidor. Nas segundas-feiras, traz uma página com os títulos "Em defesa do consumidor" ou "Indicadores financeiros". Diferente do *Estado de S. Paulo* e *Folha*, não publica artigos. O espaço de opinião se resume às colunas de Miriam Leitão e Joelmir Betting.

CAPÍTULO III

O dia a dia do jornalista de economia

A PAUTA

O processo de produzir um veículo de informação começa com a pauta de assuntos que serão cobertos no dia. Não significa que o produto final, prontinho, seja exatamente o que foi planejado na primeira reunião de editores, às 9h da manhã. Afinal, no decorrer do dia acontecem fatos imprevistos. Mas a pauta é fundamental, é o que dá início à aventura de fazer um jornal, revista, programa de tevê ou um produto de agência de notícias.

No geral, a pauta de assuntos é mais burocratizada do que deveria ser. Os temas de agenda estão lá, sempre. É a coletiva do ministro da Fazenda (lógico, de cobertura obrigatória), é a reunião do Comitê de Política Monetária do Banco Central (Copom) que vai decidir taxa de juros. Cobre-se seminário de mais e faz-se reportagem de menos. Alegria do pauteiro é agenda cheia de acontecimentos. Não deveria ser assim. Na verdade, o jornal adquire prestígio, ganha leitores, é comentado e alcança repercussão quando contém assuntos exclusivos. É certo que o discurso do ministro pode ir para a manchete, mas ele estará em todos os jornais no dia seguinte. Já o assunto exclusivo, dependendo do grau de importância para o país, pode disputar a manchete com o ministro e superá-la, justamente por ser exclusivo. Este é o diferencial. Ao chegar à banca, o leitor vai fixar o olhar na manchete que se diferencia de todas as outras.

O repórter

Mas se uma única andorinha não faz verão, o pauteiro também não. Ele cria a pauta com assuntos programados para o dia a partir da leitura, atenta e dirigida, que faz dos jornais. Portanto, não se espere que da pauta saia um grande furo de reportagem. É o repórter o ator mais importante na complexa engrenagem montada para fazer um jornal. É ele quem vai para a rua, observa a vida, tem contato com as fontes de informação, vivencia os acontecimentos, imagina seus desdobramentos, decide os próximos passos da cobertura. É ele quem produz a matéria-prima (a notícia) e o produto final (a matéria publicada). Ele vibra com a conquista de um furo, se entristece com a decepção de algo que prometia muito mas fracassou. As melhores pautas nascem do repórter. O bom pauteiro, assim, é aquele que sabe extrair do repórter assuntos que podem gerar o diferencial em relação à concorrência. O bom repórter é aquele que tem sempre uma pauta nova a propor.

A reportagem

É preciso diferenciar a grande reportagem dos assuntos cotidianos da pauta jornalística. A ideia para uma grande reportagem pode até nascer da pauta diária, mas ela obrigatoriamente terá uma outra dimensão, irá muito mais fundo no tema. Em geral, os jornais reservam a edição de domingo para isso. No jornalismo econômico, as possibilidades de temas para uma reportagem de fôlego são infinitas. Basta usar a criatividade. Desde um trabalho de campo para conferir a efetiva aplicação de um programa social do governo, por exemplo, à investigação sobre as consequências práticas de uma possível e abrupta queda dos investimentos estrangeiros no país. O primeiro tema exige que repórter e fotógrafo se desloquem para o interior dos municípios mais pobres do território nacional e constatem se o dinheiro do programa social melhorou efetivamente a vida das pessoas e da região. No segundo tema, a viagem pode ser dispensável, porém o jornalista irá precisar muito mais de fontes de informação confiáveis, capazes de formar um cenário abrangente dos efeitos da paralisação do fluxo de recursos externos para investimento: ouvir a multinacional que adiou projetos, a empresa estrangeira que cancelou sua vinda ao Brasil, a que suspendeu seus planos de construir uma grande fábrica e, sobretudo, descrever o que isto significa para a vida do país e das pessoas.

Quem ainda não o fez, deve ler dois excelentes livros de jornalistas que viraram escritores, modelos primorosos de grandes reportagens: *Notícia de um sequestro*, do colombiano Gabriel García Márquez, sobre sequestros em série de jornalistas, intelectuais e políticos na Colômbia, perpetrados pelo bando de Pablo Escobar, chefão do narcotráfico no país; e *A festa do bode*, do peruano Mário Vargas Llosa, que retrata a vida de crimes e crueldades do ex-ditador da República Dominicana, Rafael Trujillo, assassinado em 1961. Outra referência clássica de reportagem com R maiúsculo foi a tragédia de Canudos, o massacre do movimento liderado por Antonio Conselheiro, que Euclides da Cunha descreveu com enorme talento para os leitores do *Estado de S. Paulo*, no início do século XX. Euclides da Cunha foi contratado pelo jornal como *freelancer* com a missão de contar o que viu em Canudos. A reportagem fez enorme sucesso e acabou transformada em livro, o clássico *Os sertões*.

RELAÇÃO COM AS FONTES

O jornalista Valério Meinel, o melhor repórter de polícia que conheci – nos anos 1970 descobriu antes da polícia quem eram os assassinos de Claudia Lessin (jovem de classe média da Zona Sul do Rio de Janeiro, envolvida com drogas e assassinada por um rapaz de família rica e um cabeleireiro, em 1977) – brincava com os colegas, dizendo que jornalista de economia nunca sua a camisa porque vive em gabinetes refrigerados. O jornalismo econômico era o alvo predileto das gozações de Valério. Certa vez ele leu na *Gazeta Mercantil* a manchete "O dinheiro está mais caro". Tratava-se do aumento dos juros que encarecia o custo de tomar dinheiro emprestado. Não perdeu a chance da piada e gritou na redação: "Aproveitem, uma nota de dez está valendo vinte!" Valério tinha razão. A cena da apuração do repórter econômico é quase sempre o gabinete refrigerado de um burocrata do governo, um economista, um empresário. Não dá pra suar, pelo menos literalmente.

Isso não significa que ele trabalhe menos. Muito pelo contrário. Para virar matéria, a conversa entre duas pessoas, em gabinetes refrigerados, precisa ser movida por confiança das duas partes. O repórter constrói confiança com seriedade, honestidade e qualidade no seu trabalho. A fonte ganha confiança do repórter quando suas informações são sempre fiéis, verdadeiras, não deixam o repórter na mão, sujeito a um desmentido. A relação de confiança é fundamental no jornalismo econômico. Confiança e competência andam juntas, são interdependentes na evolução da carreira do repórter. A competência é construída a partir da experiência e da escolha qualificada dos assuntos, que só lhe chegam às mãos com exclusividade se ele desfrutar da confiança de seus informantes. E, ao mesmo tempo, um repórter só conquista a confiança de quem lhe fornece informações quando seu trabalho, uma vez publicado, é um atestado de competência – não contém erros de informação, é fiel aos fatos apurados e não são "esquentados", é escrito com objetividade, clareza, simplicidade e trata de assuntos relevantes para o país e a sociedade.

No jargão jornalístico "esquentar", "forçar a barra", significa que o repórter ultrapassou a fronteira da verdade. Não propriamente inventou, mas amplificou o fato para dar a ele caráter sensacionalista. O jornalista que usa desse expediente perde a credibilidade e arrisca-se a ser desmentido. Mesmo assim, isso é algo que acontece com uma frequência acima do que se imagina. Sobretudo no jornalismo econômico, que trata de poder e dinheiro, é preciso ser honesto e responsável, limitar o texto estritamente aos fatos apurados, não cair na tentação de ganhar uma chamada na capa do jornal em troca de "exagerar só um pouquinho". Deve-se, também, procurar incansavelmente as pessoas envolvidas para darem suas versões. Muitas vezes, o jornalista percebe que a explicação da pessoa envolvida vai "esfriar" sua matéria. Deixa, então, um único e vago recado telefônico, se não a encontra, e reza para não haver um retorno. Ao redigir a matéria, recorre à regrinha fácil e preguiçosa, tentando iludir o leitor: "procurado, fulano não foi encontrado".

Os perigos do off

O ex-presidente do Banco Central, Armínio Fraga, tem um jeito brincalhão e meio moleque de conversar. Certa vez, fui entrevistá-lo com mais três jornalistas, todas mulheres. Uma delas começou a conversa propondo a Armínio: "Vamos dividir esta entrevista em duas partes, primeiro o senhor fala em *on*, depois em *off*, ok?". E Armínio: "Vamos fazer uma coisa melhor, vocês perguntam em *off* e eu respondo tudo em *on*", brincou. Ele tinha razão. Um presidente do Banco Central não deve falar em *off*, é da natureza e responsabilidade do cargo. Mas tinha razão também a jornalista, um presidente do BC tem *offs* com informações da melhor qualidade. Vale a pena tentar consegui-los.

A informação em *off* (de *off the records*, informação publicada sem a devida identificação da fonte) é uma prática mais corriqueira do que deveria ser, sobretudo no jornalismo econômico e político. O *off* é necessário, sem dúvida, em revelações de fatos que mudem o rumo da história de um país e que não viriam à tona se os informantes não tivessem segurança da proteção e resguardo de suas identidades. O *off*, por exemplo, foi fundamental para os dois repórteres do *Washington Post* que investigaram o caso *Watergate*, que resultou no *impeachment* do ex-presidente norte-americano Richard Nixon, em 1974. Trinta anos depois, os jornalistas Bob Woodward e Carl Bernstein venderam seus papéis de anotações – de conversas com os personagens dos *offs* de *Watergate* – para a Universidade do Texas, por cinco milhões de dólares, mas as identidades das fontes serão preservadas até que elas morram.

No jornalismo há *offs* e *offs*, de graduações e importâncias diferentes. O que não se pode é banalizar o uso do recurso. O repórter precisa ter experiência, astúcia e sensibilidade para avaliar se o *off* de um empresário tem a intenção de atingir o concorrente ou arrancar um favor do governo para seu setor ou sua empresa. Ou se o funcionário do governo quer ver a matéria publicada e permanecer no anonimato para auferir alguma vantagem pessoal. É preciso ter cuidado para não se deixar usar, não se permitir ser mero instrumento de interesses escusos. E a primeira regra é exatamente não vulgarizar o *off*. É muito comum o jovem repórter econômico apressar-se em proteger a identidade do informante, sempre que ele tem dúvida ou quando não ficou explicitada na entrevista a natureza da informação.

Pense primeiro o seguinte: quando a fonte não pode revelar uma informação em *on*, ela vai lembrar insistentemente que precisa ter sua identidade protegida. Não cabe ao repórter tomar iniciativa de indagar da fonte se tal informação é *on* ou *off*. E, na dúvida, opte pelo *on*, que dará maior credibilidade à sua matéria.

Na pesquisa que fez sobre jornalismo econômico, publicada no livro *Mídia e Política no Brasil*, a historiadora Alzira Alves de Abreu localiza nos anos 1970 a proliferação do *off* na imprensa econômica. Na verdade, diz ela, eram informações privilegiadas, passadas por generais e ministros da ditadura para jornalistas escolhidos a dedo: "Os jornalistas passaram a se atribuir prestígio em função do acesso que tinham a notícias em *off*", afirma Alzira. Hoje, esse tipo de conceito está ultrapassado e o *off* não confere o mesmo prestígio daquela época. Ao contrário, comemora-se a informação exclusiva e "quente", quando esta vem acompanhada do nome do informante. Apesar disso, ainda há repórteres inexperientes que cometem a ingenuidade de imaginar que o *off*, a informação sigilosa, com ar de mistério, valoriza sua matéria. Se o assunto não é relevante, ele não vai convencer o chefe. Há fontes de informação mal intencionadas que usam de esperteza para ludibriar o jornalista ingênuo. Desconfie, por exemplo, daqueles que têm algum interesse econômico a defender e vêm com aquela conversa: "Olhe, esta informação é só tua, guardei para você porque é meu amigo e confio no teu taco". Em geral, quando isto acontece, é que ele já tentou passar para outro jornalista e fracassou.

A regra é checar

No dia a dia da redação, é comum o chefe de reportagem indagar do repórter quem lhe passou e por que determinada informação na matéria está em *off*. É comum também o repórter argumentar que, se for obrigado a identificá-la, vai perder sua fonte. Isso costuma acontecer frequentemente com quem não tem o hábito saudável de diversificar seus informantes. Excetuando algumas situações específicas, a grande maioria dos repórteres age assim por insegurança, pelo medo de arriscar e acabam sendo instrumentos de interesses sem o saber.

Quando trabalhei na *Gazeta Mercantil*, nos anos 1980, semanalmente fazia análises de mercado das principais *commodities* agrícolas (café, soja, cacau etc.). Em cada um desses segmentos, há interesses conflitantes: o exportador quer pagar menos ao produtor rural, que quer vender mais caro ao industrial, que não quer dar desconto ao comerciante. Cada um tinha seu interesse a defender e tentava veicular as informações que lhe seriam favoráveis. De tanto repetir aquele trabalho, aprendi que para apresentar algo de modo mais isento possível ao leitor, precisava ouvir, pelo menos, uma dezena de informantes. Depois tiraria minha própria conclusão para fazer a análise a ser publicada. Checar incansavelmente é a regra mais antiga e eficaz do jornalista que lida com negócios e não se submete a ser instrumento de negociatas.

Cuidado com o mercado

Mercados de risco são ativos financeiros que não têm rendimento prefixado ou fórmula de reajuste, como tem a caderneta de poupança ou títulos de renda fixa. "Risco" são as ações de empresas negociadas em bolsas, o dólar, o mercado futuro de juros ou de produtos agrícolas, que oscilam ao sabor dos acontecimentos políticos e econômicos. Uma declaração do presidente da República sobre câmbio, uma guerra no Oriente Médio, o preço do petróleo, uma crise financeira em um país vizinho, a doença do dirigente de uma nação, tudo pode influenciar as cotações dos ativos de risco. Por isto mesmo, não raro o jornalista se depara com operadores do mercado financeiro que veiculam informações tendenciosas em *off* para tirar vantagem ou multiplicar lucros. Algumas vezes, passam informações verdadeiras, apontando tendências, outras adaptadas à sua posição de "comprado" ou "vendido" em papéis negociados no mercado. O jornalista precisa redobrar cuidados e, ao menor sinal de desonestidade, riscar o operador de sua agenda.

À época de Fernando Collor de Mello na presidência, um empresário do mercado financeiro informou à Agência Estado que o presidente estava na mesa de operação para uma cirurgia arriscada, que poderia lhe tirar a vida. Collor estava internado no hospital para alguns exames, mas sem correr qualquer risco. A notícia derrubou as bolsas e o mercado responsabilizou a Agência Estado pelo ocorrido. Não ficou claro – são coisas difíceis de comprovar – se o informante agiu de má fé, porque lhe interessava derrubar a bolsa naquele momento, ou se foi apressado ao dar uma informação "quente" (e falsa) para o jornalista. De qualquer modo, ficou a lição. O nome do informante foi riscado da agenda telefônica e a Agência Estado imediatamente instituiu regras para sua equipe: informações em *off* constituem a exceção da exceção e só serão veiculadas com autorização da chefia, que passou a adotar critérios mais rigorosos a esse respeito.

O JORNALISMO DE SERVIÇOS

Certa vez, lá pelos anos 1980, eu preparava uma matéria para a *Exame*, sobre executivos de grandes empresas, quando a afirmação de um deles, brasileiro e dirigente de uma multinacional, chamou a minha atenção. "A economia brasileira é um laboratório – dizia ele –, onde as regras mudam a cada instante, a inflação alta impede qualquer planejamento e as decisões são cotidianas e impõem uma *overdose* de criatividade. Quem não for criativo, dança. Por isso, o executivo bem-sucedido no Brasil é logo promovido e levado para a matriz. A lógica é simples: se ele teve êxito na completa desordem em que vivemos, terá sucesso muito maior num país onde a economia é estável e organizada". E era verdade. O Brasil nunca exportou tantos executivos de empresas como nos anos 1980.

Os jornalistas econômicos também foram levados a adaptar seu trabalho àquela realidade instável, em que a inflação alterava diariamente os valores do aluguel, dos salários, dos ativos, da gasolina, dos alimentos etc. Impossível fazer planos para o mês seguinte, tinha-se de viver em alta voltagem a desordem do cotidiano. O consumidor não conseguia entender a confusão e desconhecia como se defender dela. Era preciso que alguém organizasse a desordem para ele e indicasse claramente: "veja o que está mudando em sua vida".

Foi assim que o jornalista Celso Ming, hoje colunista do *Jornal da Tarde*, idealizou a primeira coluna de serviços do jornalismo econômico, em que a inflação era a vedete central. Quando foi criada, em 20 de julho de 1981, a coluna tinha periodicidade semanal e ocupava uma página inteira, na edição de segunda-feira, com o sintomático título "Confira seu dinheiro". Ali o leitor encontrava as informações que precisava para tentar organizar seu orçamento doméstico. Ou seja, como a inflação afetava seu salário, o aluguel, a prestação da casa própria, a luz, o gás, o telefone, a aposentadoria, a saúde, a alimentação, a escola das crianças, o vestuário, os juros, o emprego, o dólar, o Fundo de Garantia por Tempo de Serviço (FGTS), o crédito, a gasolina, a caderneta de poupança, a bolsas de valores, o ouro etc.

"Fez enorme sucesso", conta Celso Ming. "Segunda-feira era o dia em que as vendas do *Jornal da Tarde* explodiam. As pessoas queriam tanto saber como defender seu dinheiro da inflação como por qual motivo o Corinthians havia perdido para o Palmeiras. O JT deu a partida e, diante do enorme sucesso, todos os outros jornais criaram colunas semelhantes. Com o tempo, vieram mais mudanças e foram necessários novos dribles para enfrentar a inflação. Veio o *overnight*, o fundo de renda fixa. O noticiário teve novamente que se adaptar, colocando o foco no consumidor, ainda que o tema tratado fosse macroeconômico".

Com o êxito, a página virou caderno, que continuava saindo às segundas-feiras. Celso lembra que chegou a chefiar uma equipe de

15 jornalistas e, nos dias de divulgação de planos econômicos (que não foram poucos: Cruzado, Bresser, Verão, Collor I, Collor II), saíam edições extraordinárias, rapidamente esgotadas nas bancas. Depois da edição do plano Real, da estabilidade da economia e da inflação, as colunas do gênero perderam muito de sua força original. Os jornais ainda mantêm notícias organizadas de interesse do consumidor, mas os temas mudaram, adaptando-se aos novos tempos de estabilidade econômica. O *Estadão* publica "Suas contas", na edição de segunda-feira, com informações sobre aposentadoria, casa própria e os ativos do mercado financeiro que mais renderam no mês. O *Globo* faz o mesmo com as páginas "Indicadores financeiros" e "Defesa do consumidor", com características ligeiramente diferentes, incluindo reclamações feitas ao Procon e denúncias contra empresas que tratam mal seus clientes. Fora isso, todos os jornais mantém diariamente páginas com cotações de abertura e fechamento dos principais mercados de ações e matérias-primas, no Brasil e no mundo.

A ESPECIALIZAÇÃO DO REPÓRTER

O trabalho de apuração de informações é o que mais toma tempo do repórter. Escrever é mais rápido, até porque a pressão do horário de fechamento treina o repórter para ser veloz na redação do texto. Do contrário, sua matéria não será aproveitada. Para uma matéria ser bem-apurada é preciso que o repórter conheça o assunto de que está tratando. A especialização facilita esse aprendizado e a conquista de fontes de informação. A cobertura do governo central em Brasília impõe a especialização. Nas sedes das grandes empresas jornalísticas no eixo Rio–São Paulo ela também é útil, mas os repórteres não se vinculam exclusivamente a um determinado setor, diversificam as áreas de atuação, porque o volume de informações geradas é menor e não justifica escalar um repórter para cobrir exclusivamente, e sempre, um único assunto. Em Brasília, os jornais dividem suas equipes na cobertura do Ministério da Fazenda, do Banco Central, do Ministério das Minas e Energia, das agências reguladoras de petróleo e energia elétrica, do Ministério do Planejamento, da Previdência etc. Com a invenção do *laptop* plugado em uma linha de telefone, o repórter não necessita ir à redação escrever seu texto. Depois de uma entrevista com o ministro, ele se dirige à sala de imprensa do ministério, redige e transmite sua matéria dali mesmo.

A convivência diária do jornalista com um órgão ou ministério é útil porque facilita o acesso aos informantes – do ministro ao técnico de terceiro escalão – e pode render furos, informações exclusivas. Mas é preciso evitar que a convivência se transforme em amizade e "compadrio", caminho rápido para uma relação perigosa, em que a cumplicidade, a proteção e a falta de isenção se instalam e inibem a liberdade de informação.

A apuração incansável

Chico Otávio é o repórter mais premiado que conheci. Ganhou cinco prêmios Esso entre 1999 e 2002, dois deles em 2002, trabalhando em *O Globo*. Ele tem o hábito da apuração detalhada, incansável, inesgotável. Jeito humilde, tímido, Chico não chega a ter orelhas grandes, mas tem ouvidos enormes. Tem aquele estilo silencioso, arguto, observador, deixa o entrevistado à vontade e sabe estimulá-lo a contar, fazer revelações e confidências usando palavras ora de incentivo, ora de espanto ou de apoio. E tem sempre uma boa pauta de assuntos a propor. Trabalhei com Chico Otávio durante seis anos, no *Estadão*. Ele trazia ótimas matérias, mas me causou também alguns transtornos.

Na época, anos 1990, *O Estado de S. Paulo* passou a adotar horários rígidos de fechamento. Se a matéria não estivesse pronta até 19h50min, era descartada e, em seu lugar, entrava um calhau (anúncio geralmente usado para preencher buracos na página). O Chico pecava pelo perfeccionismo. Todo repórter tem o momento de concluir a apuração e começar a escrever o texto. Ele escrevia, parava, ia ao telefone, apurava, voltava para o computador. E quando eu imaginava ter o texto pronto, lá estava o Chico fazendo um sinal de espera com a mão, falando novamente ao telefone. Por mais que eu insistisse e alertasse que o texto corria o risco de não ser aproveitado, não adiantava. No dia seguinte, a cena se repetia.

O hábito de apurar, investigar, buscar fatos novos, não se conformar com a primeira versão, checar, sempre checar, é o que faz um bom repórter. Por isso não faz sentido falar de um gênero chamado "jornalismo investigativo" – é da própria natureza do jornalismo ser necessariamente investigativo. Apuração e investigação, na verdade, são uma coisa só. Se assim não for, temos um jornalismo pobre, declaratório, burocrático, limitado, conformado, sem vida, sem emoção, que não consegue atrair leitura. Mesmo o discurso que o presidente da República pronuncia para uma plateia deve ser acompanhado de manifestações, comentários, críticas, reações positivas e negativas dos ouvintes, do garçom que serve água à mesa ao banqueiro. Enfim, exige trabalho de apuração.

Quando o assunto apurado provoca impacto político e social, produz desdobramentos e repercussões, o repórter precisa pensar naquilo que vai oferecer ao leitor no dia seguinte, imaginar como dar continuidade ao caso, como não deixá-lo morrer, mesmo sabendo que nem sempre seu trabalho será facilitado. Se a informação vai incomodar interesses poderosos, ele deve redobrar a preocupação em planejar os próximos passos da investigação, porque certamente encontrará dificuldades pelo caminho.

A matéria inteira

Desde o momento que vai para a rua apurar sua matéria, o repórter deve preocupar-se com a edição. Não basta verificar o fato, entrevistar pessoas, receber o relatório. Ali mesmo, onde o fato acontece, ele precisa imaginar a matéria inteira, pronta, editada e disposta na página. É preciso pensar em como ajudar o editor a melhorar o visual do texto, recorrendo a fotos, ilustrações, selecionando quadros estatísticos, lembrar se há casos de arquivo que porventura ajudem o leitor a entender melhor o assunto. Enfim, se o repórter quer desfrutar do prazer de ver seu trabalho bem aproveitado, bonito, visualmente perfeito, precisa fazer por merecer. Caso limite-se a apurar, escrever, entregar o texto e deixar o resto por conta do editor, arrisca-se a ter uma decepção quando abrir o jornal no dia seguinte. E não adianta culpar ninguém. Jornalismo não é burocracia, exige pensar no conjunto, do texto à edição, ter imaginação, criatividade, paixão.

A propósito disso, lembro de quando trabalhava na *Folha de S. Paulo*, em 1987. Num desses dias de tédio, minha pauta era "notável": como iam as exportações de juta. Desanimada, fui atender ao telefone – do outro lado da linha, um advogado amigo avisava que o irmão do presidente José Sarney passara alguns cheques sem fundo e sua empresa iria pedir concordata. Desconsiderei a pauta e corri para o escritório do advogado. De lá, agendei um encontro com o sr. Murilo Sarney no hotel Caesar Park, na Praia de Ipanema, onde ele estava hospedado. Pensei em como ilustrar a matéria. Obviamente a foto do personagem era a melhor opção, mas será que ele se deixaria fotografar? Combinei com o fotógrafo: ele ficaria por perto, sem a câmera fotográfica, e só se aproximaria quando eu fizesse um sinal de confirmação. Temia que Murilo Sarney se assustasse com os flashes e encerrasse o diálogo antes dele começar. Comecei a falar de política e do irmão presidente, ao que ele respondia com simpatia. Quando senti segurança no prosseguimento daquela conversa amena, informei que o fotógrafo chegaria em poucos minutos e a tarde bonita convidava para uma foto fora do hotel, com a praia de Ipanema ao fundo. Ele concordou sem nenhuma resistência, pelo contrário, com entusiasmo. Fiz o sinal combinado e o fotógrafo aproximou-se. Pronto, a foto estava garantida.

Deixei-o falar à vontade e entendi as razões do entusiasmo. Ele anunciou que lançaria uma grife de perfumes e artigos masculinos com seu nome e a exportaria para a Europa. Contou que a proximidade com o irmão José o dispensava de pagar conta em boates e hotéis e, para ser coerente com o sucesso de sua grife, torcia para o Congresso aprovar a ampliação do mandato do presidente para oito anos (discutia-se um prazo de seis anos). Depois de vinte minutos de conversa, já no bar do hotel, falamos dos cheques sem fundo e da concordata. Ele confirmou, contrariado. No dia seguinte uma chamada espaçosa na primeira página da *Folha*: "Irmão do presidente Sarney pede concordata".

O USO INDEVIDO DAS CPIs

Quando a imprensa investiga um caso de escândalo que vai para as manchetes, há sempre um deputado pronto para defender a criação de uma Comissão Parlamentar de Inquérito (CPI), para apurar o caso. No Brasil, a CPI tem uma única serventia: promover os políticos, ávidos por um holofote de televisão ou foto no jornal. Quando a imprensa esfria o noticiário sobre o caso, os parlamentares perdem o interesse e também esfriam a CPI. Saiu de cena o holofote, saiu também o deputado. Enquanto em outros países comissões em parlamentos investem na linha da investigação, no Brasil os políticos põem o foco nos depoimentos, em sessões abertas com a presença da imprensa. Claro, a investigação não dá publicidade a ninguém, as sessões públicas, sim. Por isso também as CPIs têm se mostrado inócuas. Segundo levantamento feito pela assessoria do Senado e publicado em livro, com exceção da CPI que levou ao *impeachment* do ex-presidente Collor, nenhuma outra chegou com resultados efetivos ao seu final.

Além disso, CPIs trazem um enorme inconveniente que faz dos governantes seus maiores opositores: simplesmente paralisam o Legislativo. Os deputados seguem os rastros das câmeras de tevê e abandonam as sessões das comissões de trabalho e do plenário. Ou seja, a agenda de votação de projetos essenciais sofre enorme atraso, com prejuízo para o governo, para a sociedade e para o país. Por esse motivo, é comum quem está eventualmente instalado no poder ser contrário às CPIs, embora tenha sido ardoroso defensor delas enquanto permanecia na oposição.

Dois escândalos que investiguei, publicados em série de reportagens no *Estado de S. Paulo*, geraram CPIs – o caso da BR Distribuidora e o chamado "Esquema PP" (casos de corrupção nos governos

Sarney e Collor). Nos dois, fui convocada e a primeira a depor no Congresso. Viajei a Brasília para cumprir meu dever de cidadã, com o enorme desejo de ajudar e uma boa dose de ingenuidade. Lá, constatei que os acusados sempre têm uma tropa de choque a defendê-los e quem está depondo como testemunha sujeita-se a virar réu e a ter que responder perguntas absurdas. Aprendi que, nessas situações, o jornalista deve limitar-se a reafirmar o que publicou em matérias e só, nada mais.

A MACROECONOMIA

Quem trabalha com jornalismo econômico precisa conhecer a macroeconomia (informações e indicadores que permitem avaliar o desempenho da economia em seu conjunto). É como se ela fosse a mãe de todos os setores de cobertura. Os indicadores macroeconômicos são aplicados a todos os segmentos da economia e determinam seus rumos. Por exemplo: ao escrever sobre a redução dos investimentos nas empresas estatais de energia elétrica, o repórter precisa saber qual foi o déficit fiscal que levou o governo a determinar o corte nos investimentos. Conhecendo o assunto, ele sabe que corte de investimento gera desdobramentos desagradáveis, desde um "apagão" à queda contínua da qualidade do serviço prestado pela estatal. Esse conjunto de informações é o que orienta o trabalho de apuração e vai dar consistência à matéria.

E quais são os principais indicadores macroeconômicos?

• **Inflação** – Ocorre quando, na média, os preços pesquisados subiram mais do que caíram. Há muitos índices de inflação e os mais conhecidos são os pesquisados pelo IBGE, FGV e Fipe (Fundação Instituto de Pesquisas Econômicas). O IPCA (Índice de Preços ao Consumidor Amplo) do IBGE é usado pelo Banco Central para medir a meta de inflação. O IGP-M (Índice Geral de Preços do Mercado), da FGV, é o mais usado pelo mercado financeiro. É também o índice que mais absorve a alta do dólar, porque nele os preços praticados no atacado têm peso maior do que os do varejo.

- **Deflação** – É o contrário de inflação. Na média, os preços pesquisados caíram mais do que subiram e o índice ficou abaixo de zero.
- **Câmbio** – A taxa de câmbio é a expressão em reais do valor das moedas estrangeiras no Brasil. Devido à influência da economia dos EUA no Brasil e no mundo, a taxa mais usada no Brasil é expressa em dólar norte-americano.
- **Produto Interno Bruto (PIB)** – É a soma de riquezas produzidas pelo país. É dividido em quatro áreas: indústria, comércio, agricultura e serviços (neste item estão incluídos bancos e mercado financeiro).
- **Renda *per capita*** – É o valor total do PIB dividido pelo total da população, calculando a renda média do brasileiro.
- **Taxa de juros** – A taxa de juros Selic, definida pelo Banco Central, é a que remunera os papéis da dívida do governo. Os juros praticados pelos bancos incorporam o chamado *spread*, que é a diferença entre o custo de captação de dinheiro dos bancos e o custo dos empréstimos que eles concedem às empresas e às pessoas físicas. O *spread* brasileiro é o mais alto do mundo. Se o banco capta recursos pagando a taxa Selic de, digamos, 24% ao ano, empresta para o cliente do cheque especial ou do cartão de crédito a taxas que ultrapassam 100% ao ano, com *spread* superior a 70%.
- **Déficit fiscal nominal** – Resultado de todas as receitas e todas as despesas do governo, inclusive do pagamento com juros da dívida pública (externa e interna).
- **Superávit primário** – Diferença entre receitas e despesas correntes do governo, excluídas despesas com juros. Quando este resultado é negativo, vira déficit. É com o valor poupado do superávit primário que o governo paga os juros da dívida pública.
- **Balanço de pagamentos** – Resultado de todas as entradas e saídas de recursos do país.
- **Saldo ou déficit da balança comercial** – Resultado da diferença entre exportações e importações.
- **Risco Brasil** – A taxa que mede a vulnerabilidade da economia brasileira e serve de base para calcular os juros de créditos externos ao Brasil.

Não se deixe enganar

O jornalismo econômico não é feito só de déficit público, inflação, taxa de juros ou risco Brasil. Mas é essencial o domínio desses indicadores e do funcionamento dos mecanismos da economia para lidar com fatos que, aparentemente, nada têm a ver com eles. Por exemplo, uma situação de desvio de recursos públicos por um político. Uma semana antes de se afastar do governo do Rio de Janeiro para candidatar-se à presidência, em março de 2002, o governador Anthony Garotinho fez uma retirada fraudulenta de dinheiro da Caixa de Previdência dos Funcionários do Banco do Estado do Rio de Janeiro (Previ-Banerj), sacando recursos que só poderiam ser usados para pagar aposentadorias de ex-funcionários do banco.

A operação envolvia títulos públicos, que Garotinho negociou no mercado financeiro e trocou por dinheiro. Para não ser "enrolado" pelo governador, o repórter precisava conhecer a mecânica de negociação desses títulos, o deságio com que são negociados, as regras que o impediam de sacar dinheiro que pertence a aposentados, os desdobramentos no Ministério da Previdência e as consequentes punições previstas em lei. Se não dominar o assunto, o repórter é facilmente enganado e não estará preparado para contestar explicações evasivas ou mesmo duvidosas. No caso, Garotinho preferiu o silêncio, negou-se a dar explicações e deixou a informação ser publicada sem contestações.

FITAS E ÉTICA

Garotinho foi personagem de um tipo de captação de informação que sempre gera polêmicas e dúvidas em relação à ética e à prática do bom jornalismo. Em 2001, o jornal *O Globo* obteve, de um inimigo do ex-governador em Campos (RJ), uma fita gravada com a voz de um assessor combinando pagamento de suborno a um fiscal da Receita Federal para livrá-lo de determinado imposto. Alegando ter sido a fita gravada ilegalmente, sem autorização da Justiça, Garotinho conseguiu liminar proibindo o jornal de divulgar o diálogo da fita, que o comprometia, sobretudo perante os evangélicos. O jornal foi obrigado a acatar a decisão judicial.

Afinal, como devem proceder jornalista e empresa quando a informação é obtida a partir de uma fita gravada de maneira ilegal? Quem grampeia alguém ilegalmente tem algum interesse que, certamente, não é de boas intenções. Ao aceitar veicular a informação, o jornalista tem consciência de estar sendo usado como instrumento de algum interesse suspeito. Quem teve acesso à tal fita de Garotinho afirma que ela continha diálogos comprometedores sobre a vida privada do ex-governador. Seria justificável divulgar também essa parte?

Não há código de ética, nem regras de Manual de Redação, que orientem como proceder nesses casos. Cada situação deve ser analisada por suas características específicas. No caso de Garotinho, se não houvesse a proibição judicial, o jornal deveria, sim, ter divulgado a fita, mesmo que obtida de forma ilegal. Mas seria uma cumplicidade inaceitável esconder a identidade de quem fez a gravação. A matéria deve revelar quem forneceu a fita, o nome do autor do grampo e por que ele gravou a conversa. Justifica-se a divulgação quando o personagem é uma autoridade pública, que administra dinheiro da população. A tentativa de suborno de um fiscal de tributos revela o tipo de comportamento que não cabe em um governador de estado responsável e ético. Portanto, ao divulgar a fita, o jornal cumpre o dever de informar e prestar serviços à opinião pública. Afinal, o compromisso da imprensa deve ser sempre com o interesse público. A divulgação, porém, deve limitar-se a assuntos que relacionem o governador com a população. Se na fita há algum diálogo comentando a vida privada de Garotinho, que nada tenha a ver com a função de governador, esta parte deve ser completamente ignorada.

Em todo caso, o tema é polêmico. Não há regras prévias de comportamento e os padrões de ética são definidos por cada empresa jornalística em particular. Cabe aos leitores o julgamento final.

RELAÇÕES PERIGOSAS

No seu cotidiano, o jornalista econômico frequentemente enfrenta o assédio de divulgadores ou assessores de imprensa, que tentam vender seu peixe, ávidos por verem publicada informação de interesse de seu cliente. Um anúncio publicitário em forma de notícia e editado como tal em jornal de grande circulação obviamente dá maior credibilidade ao peixe que se quer vender. Ingênuo é o jornalista que não percebe, deixa-se usar e publica gratuitamente o que deveria ser fonte de faturamento publicitário do jornal.

As editorias de grandes jornais, especialmente os especializados, têm sempre espaço para o segmento de "negócios". O que até certo ponto é bastante positivo, pois revela a vida real da economia, ou melhor, a microeconomia do país funcionando na prática. São casos de sucesso ou fracasso na vida das empresas, exemplos que devem ser seguidos, outros desprezados. A *Exame* especializou-se nisso e está sempre narrando casos de empresas que mudam o paradigma de determinado segmento econômico. Esse gênero de matérias atrai mais leitores do que se imagina, porque é a economia sintetizada num caso real, vivido, capaz de produzir identificações em seu leitor.

É preciso, contudo, ter certos cuidados ao tratar desses assuntos. O primeiro deles é contra a preguiça. Como há excesso de oferta de "pautas" por parte das empresas de divulgação, que enchem diariamente a caixa de *e-mails* do repórter, com frequência aceita-se preguiçosamente a proposta das assessorias de imprensa, o que dá menos trabalho do que pesquisar um caso que realmente mereça ser divulgado. Exemplo: o assessor de imprensa passa como "exclusiva" a informação de uma associação de empresas que fez uma pesquisa "sigilosa e inédita", de "resultados surpreendentes", revelando um aumento incomum de vendas, enquanto toda a economia se mostra em processo de desaquecimento. O repórter fica fascinado com a informação e apresenta a pauta para o chefe. Mais experiente, o chefe alerta que uma pesquisa feita pelas próprias empresas pode ser "dirigida" para o resultado pretendido. Há outra pesquisa independente para comparar? "Não" – responde o repórter – "mas matéria de negócios é assim mesmo". Não é. É preciso separar o joio do trigo.

No final dos anos 1970, o Japão – onde beber chá é hábito muito arraigado e não há substituto capaz de concorrer com ele – começou surpreendentemente a importar café brasileiro, da empresa Cacique Café Solúvel. O dono da Cacique, Sérgio Coimbra, contou, animado, a novidade para os jornalistas, esperando vê-la publicada nos jornais, evidentemente com crédito para sua empresa. Na época, eu trabalhava na *Gazeta Mercantil* e café era minha especialidade. As estatísticas do governo confirmavam o que dizia Sérgio Coimbra, mas o volume importado ainda era pequeno, não valia como notícia de jornal. Dois meses depois, o Rio de Janeiro recebeu industriais de café do mundo inteiro, em um congresso internacional, realizado anualmente. Lembrei da história e procurei um representante do Japão no congresso. A grande novidade não era o Japão começar a comprar o produto do Brasil, mas industrializar, embalar o café em latinhas e servi-lo gelado, como refrigerante. Essa bebida fez muito sucesso por lá, tanto que a empresa japonesa triplicou suas compras do Brasil. Ou seja, o café entrou no mercado japonês concorrendo na linha de refrigerantes gelados e não disputando com o chá quente, que continuou reinando absoluto. Aí, sim, valeu escrever a matéria, com direito a chamada na primeira página do jornal.

ALÉM DA NOTÍCIA

"Não há nada mais velho do que o jornal da véspera", costuma-se repetir nas redações. O que se quer dizer é que a notícia muda, é substituída, renovada, reciclada, se transforma, envelhece, cada dia é um novo dia. No jornalismo econômico, isso é relativo. Certas informações apuradas o repórter deve guardar, organizar em arquivo, porque com certeza irá precisar no futuro. É justamente com o acúmulo de conhecimentos, informações e dados estatísticos que o repórter constrói seu acervo e torna-se um especialista, passa a dominar o assunto e tem condições de oferecer ao leitor algo além da notícia seca e fria do dia a dia. Mais do que em outros setores do jornalismo, em economia é comum o jornalista recorrer a esse acervo para analisar uma informação, acrescentar dados, avaliar desdobramentos, indicar tendências.

Divulgada secamente pela Petrobrás, a notícia sobre a descoberta de um novo campo de petróleo na bacia de Campos se limitou a indicar tamanho e localização do campo e estimar as reservas de petróleo ali existentes. Mas é preciso ir além: o leitor quer saber em quanto as reservas do país aumentam com este novo campo, qual o volume de petróleo que ainda nos distancia da autossuficiência, quanto o país poderá reduzir na importação de óleo cru, quanto economizará em dólares, se a Petrobrás tem ou não parceiros explorando a nova área descoberta. Enfim, há uma infinidade de informações que o repórter vai precisar acrescentar ao *release* frio da Petrobrás e poderá encontrá-las facilmente se as tiver organizadas em arquivo pessoal, construído ao longo do tempo.

Oferta e procura

É indispensável conhecer os mecanismos de funcionamento da economia. Por exemplo: a queda contínua da produção industrial nos primeiros tempos do governo Lula, associada à elevada taxa de juros, ao aumento do desemprego e à redução de vendas no comércio ameaçava o país de recessão no segundo semestre de 2003. Na recessão, a circulação do dinheiro reduz, as pessoas ficam mais pobres e a atividade econômica retrocede. E o presidente, que ganhou eleição prometendo baixar juros, expandir a produção e gerar dez milhões de novos postos de trabalho, pareceu trair suas promessas.

Mas por que diabos Lula arrochou a economia? Por mero sadismo? Suicídio político? É claro que não. Os radicais livres do PT podem desconhecer a engrenagem da economia num sistema capitalista e ter xingado Lula de "capacho do FMI" e outros rótulos vazios que não dizem nada, só revelam agressão à inteligência e preguiça de pensar. O jornalista não. Ele tem obrigação de saber que o remédio para conter a inflação quando ela ameaça fugir ao controle é aumentar a taxa de juros e "desaquecer" a economia. E por quê? Simplesmente porque, com juros altos, o dinheiro em circulação diminui, as pessoas compram menos, os industriais e comerciantes são obrigados a baixar o preço para conseguir vender e, por fim, a inflação tende a cair. É a lei da oferta e da procura. Quando a procura de produtos é maior do que a oferta, os preços sobem e a inflação também. E quando, ao contrário, é a oferta que cresce, ocorre o oposto. Esta regra está nos manuais de economia e tem sido aplicada no mundo inteiro. O problema é que no Brasil a dose é exagerada, os juros são muito altos e o *spread* bancário (a diferença entre os custos de captação de dinheiro do público e de empréstimo dos bancos) é o mais elevado do mundo. É que aqui os chamados fundamentos econômicos são frágeis, a dívida pública é enorme, a moeda é ameaçada com frequência, o balanço de pagamentos é deficitário e a inflação pode voltar a qualquer instante.

Este remédio vale em países que consideram prioridade combater a inflação. Em outros, onde o importante é manter a economia aquecida e os empregos mantidos, a opção é permitir uma inflação maior. As pessoas terão mais dinheiro para comprar, a produção de bens crescerá e a oferta de empregos também. Foi o que aconteceu em todos os países da América Latina na década de 1980. Só que a inflação foi crescendo devagar, foi acelerando, até virar hiperinflação. No Brasil, ela chegou a 80% ao mês, no final do governo Sarney; na Argentina foi pior, os preços eram remarcados com diferença de horas. Os que possuíam conta bancária ainda se garantiam com rendimento diário do dinheiro na jogatina do *overnight*, mas a grande maioria, sem renda suficiente para abrir conta em banco, era punida, castigada pela alta dos preços. Por isso a inflação é conhecida como um imposto social: pune os pobres e enriquece ainda mais os ricos.

Mas será que a economia capitalista é prisioneira de uma engrenagem perversa em que o custo de manter a inflação baixa é o desemprego e em que o custo do pleno emprego é a hiperinflação? Não é assim. No Brasil e na América Latina a origem da inflação é de outra natureza, mais difícil e lenta de corrigir, porque está impregnada na cultura de nosso povo e enraizada nas práticas da classe política. O jornalista econômico precisa conhecer o que ocorreu, no mínimo, nos últimos 25 anos, para entender porque o Brasil é tão vulnerável a crises que vêm de fora. E também para aprender a lidar com o discurso sinuoso dos políticos e governantes.

As raízes da inflação

Em 1992, quando o ex-presidente Collor vivia a ameaça de *impeachment* e as empreiteiras eram acusadas de corromper o governo, entrevistei o dirigente de uma dessas empresas, que tentava justificar a relação promíscua entre poder público e interesses privados. Contava ele que, na época dos militares, para conseguirem obras oficiais, as empresas pagavam comissão apenas para um representante do governo federal, já que não havia eleições, sendo governadores e prefeitos de grandes capitais nomeados e controlados pelos generais.

Com a distensão política, no final dos anos 1970, governadores e prefeitos passaram a ser eleitos pelo voto popular e, por sua vez, as empreiteiras começaram a ser assediadas por candidatos – do governo e da oposição – para doarem dinheiro para campanhas em troca de obras quando estes fossem eleitos. As empreiteiras passaram a distribuir dinheiro para os políticos e as obras, evidentemente, ficaram mais caras. Nos anos 1980, continuava o relato, os candidatos a governador duplicaram o preço, alegando precisar eleger também suas bancadas de deputados e senadores em Brasília, que tratariam de arrancar emendas ao orçamento federal para pagar as obras. Se o custo da obra mais a margem de lucro era 100, passou a ser 200. E quem pagava a conta? A população, é claro, que sustenta os governos pagando impostos.

Nada contra eleições, mesmo porque a democracia é o regime em que a população tem melhores condições de controlar e cobrar transparência e honestidade de seus governantes. Mas esse exemplo sintetiza como tem agido a classe política nos últimos 25 anos. E também nos ajuda a entender as razões do descalabro fiscal a que esteve exposta a população brasileira, obrigada a custear, com pagamento de impostos, excesso de gastos, desequilíbrio nas contas e endividamento acelerado dos governos federal, estaduais e de grandes municípios.

O crescente déficit nas contas públicas, nos três níveis da federação, é o que explica a escalada da inflação nesse período. O procedimento era gastar mais do que se arrecadava e quando faltava dinheiro, contratava-se dívida. Virou bola de neve. O governo tinha de emitir cada vez mais dinheiro para sustentar a ciranda, agravada pelo poder dos estados e grandes municípios de emitir títulos e vendê-los no mercado, sem nenhum controle ou fiscalização, multiplicando o endividamento. Foi essa ciranda de gastos e dívidas a razão maior para o descontrole de preços e pela inflação de mais de 5.000% em 1989.

O desajuste fiscal

Desde que Itamar Franco assumiu a presidência, no final de 1992, e chamou Fernando Henrique Cardoso para ser seu ministro da Fazenda, o brasileiro comum passou a conviver com expressões que desconhecia. Entre elas, ajuste fiscal, superávit primário, déficit nominal e orçamento equilibrado (esta não tão desconhecida da população, mas de significado até então completamente ignorado pelos governantes). São expressões usadas para designar equilíbrio, desequilíbrio e busca de ajuste nas contas públicas do governo federal, estados e prefeituras. Hoje, de tão presentes nas páginas de jornais, tornaram-se mais familiares. O governo de FHC teve o mérito de frear a corrida dos estados e municípios para o abismo, impondo uma série de regras para impedir gastos desenfreados e o crescimento do endividamento. Mas só fez o mesmo em relação ao próprio governo federal no final de 1998, depois que o Brasil sofreu dois graves ataques do mercado financeiro, com as crises importadas da Ásia e da Rússia.

Só então o governo federal começou a ajustar suas próprias contas e reverter o que os economistas chamam de indisciplina fiscal (gastar mais do que se arrecada com impostos) e perseguiu metas de superávit primário (arrecadar mais do que se gasta, mas sem contabilizar o pagamento de juros aos credores). Com isso, passou a pagar os juros da dívida pública – interna e externa. O presidente Luiz Inácio Lula da Silva não só deu prosseguimento a essa política, como elevou a meta de superávit primário com quatro objetivos: reconquistar a confiança dos credores de que o país seria capaz de pagar sua dívida, reduzir o risco Brasil, derrubar o dólar, que chegou a quase R$ 4,00 e, por fim, tentar controlar a inflação.

Conhecer essa breve história sobre as fragilidades da economia brasileira é fundamental para o jornalista de economia agir no cotidiano, dar rumo à sua apuração, escolher fontes de informação, lidar com políticos e quem mais administrar dinheiro público, saber o que perguntar, o que escrever. Quem sabe, no futuro, os textos dos repórteres não indicarão apenas fragilidades, mas prosperidade, e serão eles dispensados de mencionar o nome do ministro da Fazenda com a frequência que a minha geração citou os de Pedro Malan e Antonio Palocci.

A ENTREVISTA PINGUE-PONGUE

É comum o leitor encontrar nas edições de domingo dos grandes jornais entrevistas de páginas inteiras, de perguntas e respostas, conhecidas no jargão jornalístico como "pingue-pongue". A escolha do personagem entrevistado obedece a certos critérios: ele precisa ter o que dizer, ser reconhecido e respeitado pela opinião pública, merecer, enfim, o espaço valioso de uma página inteira de jornal. O presidente da República, os ministros mais importantes do governo e o presidente do Banco Central são os mais procurados pela imprensa econômica – e também os mais difíceis de aceitar falar.

Nesse estilo de entrevista, algumas vezes a pergunta é mais importante e reveladora para o leitor do que a resposta. Numa entrevista de texto corrido, o leitor desconhece a pergunta a qual o entrevistado negou resposta, ou desviou-se, como fazem alguns políticos. No pingue-pongue, a pergunta é transcrita e cresce seu significado se ela ficar sem resposta. Portanto, o repórter precisa se preparar bem, planejar os assuntos a serem tratados, formular perguntas com astúcia e inteligência, ligar o gravador e ficar muito atento às respostas, que podem gerar outras questões. Pergunte tudo, não simplifique pensando que depois será trabalhoso desgravar, reduzir e editar o texto para caber no espaço reservado para a entrevista. Há repórteres que interrompem a entrevista no primeiro lado da fita imaginando ser o suficiente para o espaço de que dispõem e, caso se prolongarem, apenas terão mais trabalho depois. Isso, lógico, é preguiça, e o resultado é um conteúdo pobre e incompleto.

Na média, um pingue-pongue abrange aproximadamente uma hora de conversa e dois lados completos da fita, cuja transcrição literal dá cerca de 500 linhas, depois reduzidas para 200, incluindo o texto da abertura. O mais curto que fiz foi com o ex-presidente Itamar Franco, cinco dias depois que ele assumiu o governo de Minas, em janeiro de 1999. Por imposição dele, durou exatamente 20 minutos. Eu havia me preparado com perguntas que variavam da moratória unilateral por ele decretada no dia da posse às complicadas relações de afeto e desafeto com o ex-presidente Fernando Henrique Cardoso. Precisei sintetizar minhas questões e dirigir a entrevista, não permitindo que ele se alongasse nas respostas. Afinal, tinha pouco tempo. O ritmo estava muito bom, até que ele, para se defender, partiu para o ataque: "Minha senhora, que garantias tenho eu de que minhas respostas serão publicadas na íntegra, que seu editor não vai cortar o que convém ao jornal, que não serei censurado?", reagiu, agressivo. "Governador, a garantia somos eu, este gravador, esta caneta e o bloco de anotações. Esteja certo, tudo o que o senhor disse será publicado. Inclusive este nosso diálogo", respondi, sabendo que, de tão curta a entrevista, teria de aproveitar cada palavra para ocupar a página.

E assim foi. A dúvida dele a respeito da censura do editor saiu inteira. Na tarde do domingo da publicação, Itamar Franco me ligou, elogiando a fidelidade ao conteúdo de suas afirmações. "O senhor nada tem a agradecer. Nada fiz além de minha obrigação, o que qualquer jornalista faria", respondi.

A técnica de deixar falar

Há técnicas diversas para o jornalista extrair desses personagens as mais relevantes informações de interesse do leitor. Outra linha, diferente da usada com Itamar Franco, é deixar o entrevistado falar, o gravador registrar e o repórter anotar as dúvidas para aprofundar e perguntar depois. E por quê? Porque entrevistas desse tipo costumam provocar repercussão e quase sempre o entrevistado se prepara para revelar algo diferente da agenda cotidiana, desenvolver uma ideia, um raciocínio importante para ele próprio, para o governo e para a opinião pública. Assim, convém deixá-lo falar livremente e só interrompê-lo quando começar a repetir o que já disse. Aí sim, comece a perguntar, desfazer dúvidas, aprofundar o que escapou ao entrevistado e foi captado por você. Cada caso é um caso, os personagens são diferentes entre si e o repórter deve se adaptar aos seus estilos, mas a técnica do deixar falar deve ser testada.

Fiz isto numa entrevista e tive um resultado surpreendente. No dia 1º de outubro de 1998, sexta-feira, dois dias antes da reeleição de FHC, encontrei-me com o ex-diretor do Banco Central, Francisco Lopes, na sede do BC, no Rio, para uma entrevista. Ao chegar, ele deu o sinal: "Suely, me dá um tempo para eu arrumar as ideias". "Lógico", respondi. "Vamos fazer melhor. O senhor segue falando, não vou interrompê-lo e só depois faço as perguntas". Ele concordou e começou a falar sobre a ação "desastrada" do Fundo Monetário Internacional (FMI) nas crises da Ásia e da Rússia. "Um fracasso que os dirigentes do Fundo querem compensar com o Brasil, porque, aqui sim, eles sabem que um acordo terá sucesso". Chico Lopes dirigiu palavras duras aos diretores do FMI, disse que nos últimos anos eles só colecionaram erros e, sem usar a expressão, chamou-os de incompetentes. Isto tudo sem eu fazer uma única pergunta.

Quando ele acabou de falar, passei a perguntar sobre o acordo e como o Brasil iria cumprir metas de superávit primário – exigência do Fundo – se o país não mostrava disposição de cortar despesas. "Se não for por corte de despesa, vamos aumentar impostos", respondeu ele. Percebi que estava com duas bombas explodindo nas mãos. As duas revelações, por si só, já pesadas e duras naquela conjuntura, eram amplificadas pelo momento político: Chico Lopes anunciava aumento de impostos justamente no dia em que seu chefe, Fernando Henrique Cardoso, disputava a reeleição para a presidência. E criticava o FMI no mesmo instante em que o ministro Pedro Malan e o presidente do BC, Gustavo Franco, estavam em Washington, negociando as regras de um novo acordo com diretores do Fundo Monetário Internacional. Publicada no domingo, 3 de outubro de 1998, a entrevista de Chico Lopes deu muita dor de cabeça a FHC no Brasil e a Malan em Washington.

As chefias dos outros jornais cobraram de suas equipes. "Mandamos os melhores repórteres para Washington e o grande furo foi do *Estadão* e produzido no Brasil", reclamou um deles. Meses depois, em fevereiro de 1999, Chico Lopes foi nomeado por FHC presidente do BC, em meio à pior crise cambial vivida pelo país. Não durou 15 dias no cargo. Ele responsabilizou o FMI pela demissão e a entrevista ao *Estadão* como o estopim que levou dirigentes do Fundo a rejeitar seu nome. É claro que o fracasso da proposta da "banda diagonal exógena" para o câmbio teve peso na decisão de FHC de demitir Chico Lopes, mas a reação do Fundo à sua indicação foi real, embora nunca admitida. Talvez por isso Pedro Malan tenha respondido ao senador Pedro Simon que não revelaria os motivos da demissão de Chico Lopes "nem dez anos depois" de sua morte.

Hoje Francisco Lafaiete de Pádua Lopes, o Chico Lopes, vive modestamente no apartamento que herdou do pai, em Copacabana, longe de ambientes badalados. Tenta recuperar sua empresa de consultoria, a Macrométrica, e enfrenta um processo na Justiça, acusado de suposto favorecimento ao Banco Marka. Filho de Lucas Lopes, ex-ministro da Fazenda de Juscelino Kubitschek, Chico Lopes sempre foi respeitado como um economista brilhante, com enorme talento para construir cenários econômicos. Sua passagem pelo governo só lhe rendeu amarguras e injustiças.

TENTANDO FAZER HISTÓRIA

Há situações no jornalismo em que a entrevista de uma autoridade esclarece questões que servirão de guia para os historiadores. São momentos de transformação, acontecimentos que mudam o paradigma político ou econômico de um país, ou que revelam desconhecidos bastidores de uma decisão de governo importante e difícil, que merece ser registrada no futuro. Se você viver uma situação dessas, brigue pela entrevista, faça o que for preciso e ajude a construir a História.

Foi pensando assim que deixei o Rio de Janeiro no final da tarde de uma sexta-feira, com três passagens aéreas na bolsa: uma para Brasília, outra de lá para São Paulo e a terceira de volta para o Rio. Era março de 1995, final de uma semana difícil, de crise cambial e graves divergências na equipe econômica, que acabaram queimando US$ 10 bilhões de reservas cambiais do país em poucos dias.

Adiada desde dezembro de 1994, por causa da moratória do México, a desvalorização cambial era inevitável e urgente. Mas as divergências entre o presidente do Banco Central, Pérsio Arida, e o diretor da área internacional, Gustavo Franco, no caso do câmbio, além de antigas, eram inconciliáveis. Pérsio defendia uma desvalorização maior e, no que dependesse de Gustavo, ela seria mínima, a menor possível. Depois de dias de reuniões que foram até a madrugada, não houve acordo e, para acomodar as duas posições antagônicas, a equipe econômica de FHC tomou a decisão mais errada de sua permanência no governo: desvalorizar o câmbio em etapas previamente definidas, em ritmo "deslizante" na definição deles. Anunciada de forma tumultuada numa segunda-feira, a inédita desvalorização gerou muita especulação e o dólar explodiu. Só na quinta-feira, com a mudança da decisão e a injeção de US$ 10 bilhões no mercado de câmbio, foi possível dominar a rebelião do mercado e o dólar recuou.

Na sexta-feira, mercado mais calmo, propus uma entrevista a Pérsio Arida. Afinal, era um momento histórico e, se bem-sucedida como imaginava, eu extrairia da entrevista revelações para os historiadores no futuro. Arida concordou, mas lembrou que seu único tempo livre seria a bordo do avião, no voo entre Brasília e São Paulo, onde morava.

Ele falou brincando, mas eu levei a sério. Incumbimos as respectivas secretárias de marcarem o horário de voo e o local das poltronas no avião. Deu tudo errado. Meu voo foi marcado para 18h30min, o dele 18h. Ao chegar ao aeroporto de Brasília, não o encontrei no lugar combinado. Liguei para o BC e a secretária pediu desculpas, assumindo o erro. Ele também já havia ligado à minha procura.

Resolvi seguir para São Paulo e lá tentar encontrá-lo. Do aeroporto de Congonhas liguei para a casa de Pérsio, e sua mulher à época, Susy, avisou que ele não havia chegado. Pedi que lhe desse o número do meu celular. Estava na livraria do aeroporto quando o telefone tocou. Era ele, estava no andar de cima, na telefônica. Fomos para o restaurante, no segundo andar, àquela altura vazio. Eram aproximadamente 21h e dentro de uma hora a edição daquele dia já estaria fechada. O gerente nos deixou à vontade, mesmo percebendo que éramos os únicos fregueses e a conta não chegaria nem a R$ 10,00 (Pérsio pediu um guaraná, eu uma água. E só).

Deixei o aeroporto por volta de 23h e fui direto para a redação, na Marginal do Tietê. Passava da meia-noite quando comecei a ouvir a fita. Às 4 da madrugada, tinha por companhia apenas o pessoal da limpeza. Quase 5h, o computador avisou que em poucos minutos a rede seria desligada. Desesperada, liguei para a telefonista, que não respondia. Gritei para o pessoal da limpeza, ninguém sabia o ramal da área técnica. Queria avisar que àquela hora ainda havia uma mortal trabalhando no computador, portanto, não desligassem o sistema. Inútil. No desespero, esqueci de salvar boa parte da entrevista, àquela altura já editada. Quando, finalmente, consegui socorro e o computador foi restabelecido constatei ter perdido a parte não salva do meu trabalho. Fiz de novo, com vontade de desistir e correr de volta para o Rio de Janeiro. Finalmente, saí do jornal às 7h30min da manhã e fui direto para o aeroporto. Caí num sono profundo no avião e acordei com a aeromoça avisando que chegáramos ao Rio. Olhei em volta, todos já haviam descido. Estava feliz.

Manchete de domingo, valeu a pena o desagradável passeio de avião e uma noite inteira sem dormir. A entrevista ficou ótima. Pérsio

Arida conseguiu transmitir com emoção o nervosismo dramático que dominou a todos naquela semana, o duelo entre o mercado e o Banco Central, a vitória final do governo, os desdobramentos da desvalorização do câmbio, o aumento da taxa de juros para conter a inflação. Tentou explicar a primeira decisão errada e pouco falou dos bastidores, das divergências entre ele e Gustavo Franco. Sobre a perda de reservas, nenhuma palavra. Era um segredo que um presidente do BC jamais poderia revelar num momento como aquele. Só quinze meses depois, em seminário comemorativo aos dois anos do plano Real, em Brasília, ouvi do presidente Fernando Henrique Cardoso a informação que persegui por mais de um ano: "Em uma semana queimamos US$ 10 bilhões das reservas naquela desvalorização cambial de março", revelou ele.

A entrevista de Pérsio que ficou inédita

Reservado e tímido, Pérsio Arida é desses personagens que se encaixam bem nas exigências da entrevista pingue-pongue. Em sua passagem pelo governo – um ano na presidência do Banco Nacional de Desenvolvimento Econômico e Social (BNDES), no governo Itamar Franco, e menos de seis meses na presidência do BC, no governo FHC – ele me concedeu algumas entrevistas. Depois que deixou o governo, só duas. E uma delas ficou inédita, nunca foi publicada.

Inteligência criativa (partiu dele e de André Lara Resende a concepção da Unidade Real de Valor – URV –, qualificada de "magistral" pelo professor Mário Henrique Simonsen), Pérsio aproveita cada espaço das respostas com ideias inventivas, análises competentes, propostas inovadoras. Tem muito a dizer. Convenci-o a dar a entrevista, que ficou inédita, em julho de 1998 e, nesta, ele concordou em falar de política cambial, assunto que sempre evitou para não criticar Gustavo Franco, seu maior desafeto e um dos responsáveis por sua saída do governo, em maio de 1995. Nessa época, Gustavo Franco insistia em manter o câmbio oscilando dentro de uma banda muito estreita, quase fixo (sistema de bandas pressupõe que o dólar oscile entre um valor máximo e outro mínimo). A entrevista, por absurdo que pareça, durou 15 dias. Foi realizada em etapas, na sede do banco Opportunity, do qual Pérsio era sócio. Paciente, concordei com o ritmo porque sabia que o resultado superaria a pressa. Numa quinta-feira de agosto de 1998, finalmente ela ficou pronta e o *lead* era uma bem fundamentada crítica e condenação à política cambial arquitetada e conduzida por Gustavo Franco. Combinei com o diretor de redação, Aluizio Maranhão, que daríamos duas páginas para a entrevista. Valia a pena.

No dia seguinte, sexta-feira, com a entrevista já editada, prontinha para ir para a página e ser manchete da edição de domingo, recebi um telefonema de Pérsio Arida: "Suely, te peço mil desculpas, mas gostaria que nossa conversa não fosse publicada". Eu já desconfiava que aquilo pudesse vir a acontecer. Naquele dia, sexta-feira, estourou a crise da Rússia, o Brasil virou a bola da vez, alvo de ataque do mercado financeiro internacional. Conhecido e respeitado nos meios acadêmicos no exterior, Pérsio temia que suas palavras fossem usadas para alimentar ainda mais o ataque contra o Brasil. "Não me peça isto, Pérsio. Foram 15 dias de trabalho, a entrevista ficou ótima, consegui duas páginas no domingo, dia nobre. Não vamos jogar fora isso tudo", respondi quase implorando.

Mas ele permaneceu irredutível. Seu argumento era forte – era o país que estava em jogo – e acabou sensibilizando a direção do jornal e também a mim. A entrevista não foi publicada. Não sei bem ao certo a dimensão do estrago que poderia provocar, mas ela acabou produzindo o único diálogo entre Pérsio Arida e Gustavo Franco, desde a saída do primeiro do governo. Informado de que Franco poderia ter conhecimento da entrevista, Pérsio tomou a iniciativa de garantir que o jornal, a seu pedido, não iria publicá-la e explicou as razões. Depois disso não voltaram a se falar.

O tempo passou e Pérsio Arida arrependeu-se de não ter criticado a política cambial ao deixar o Banco Central, em 1995. "O erro causou enorme prejuízo ao país, mas fiquei constrangido com meus colegas que ficaram no governo e não quis arcar com o ônus de qualquer insucesso por conta do efeito público de minhas críticas", disse-me em agosto de 2003.

A seguir, quebro o ineditismo e reproduzo os principais trechos da entrevista. A pedido do entrevistado, na época, a abertura do texto não destacou as críticas feitas à política cambial, apresentadas no segundo parágrafo. Mas elas são a parte mais relevante da entrevista. Pérsio Arida deixou o governo em maio de 1995, sem completar seis meses na presidência do Banco Central. No enfrentamento com Gustavo Franco, perdeu o apoio de Fernando Henrique Cardoso, Pedro Malan e Edmar Bacha, o núcleo que definia a política econômica. Por isso saiu, mas manteve sua convicção: o governo errou, foi tímido na desvalorização de março de 1995 e continuou errando até 1996, quando deveria ser mais agressivo no câmbio. Nesta entrevista, ele lança um desafio para ser conferido no futuro: quem teria razão? Ele ou Gustavo Franco? Era 1998, o futuro – já é passado – mostrou que Pérsio Arida estava certo.

Rio – O Real passou no teste de seus primeiro quatro anos de vida, na avaliação do economista Pérsio Arida. Junto com André Lara Resende, Arida concebeu a Unidade Real de Valor (URV), base de sustentação do plano, origem da nova moeda e vista por economistas como a mais genial criação do Real. Em entrevista exclusiva ao Estado, o primeiro presidente do Banco Central do governo FHC, que demitiu-se prematuramente do cargo em maio de 95, analisa as soluções em curso para os principais problemas da economia, entre eles desemprego, déficit fiscal, dívida pública, instabilidade de mercados, juros e câmbio.

Aprova a maioria, mas critica a condução da política cambial, no segundo semestre de 1995 e no decorrer de 96, quando a economia conviveu com recessão e juros altos, e o Banco Central não soube aproveitar o momento para promover desvalorizações mais agressivas que reduzissem a vulnerabilidade cambial do país. "É claro que teríamos hoje uma inflação maior. Nada vem de graça. Mas, em compensação, a vulnerabilidade cambial seria menor e, nos prós e contras, prefiro a segunda alternativa, particularmente à luz das turbulências externas iniciadas em julho de 97", analisa. E observa: "Se a vulnerabilidade cambial não se provar um ponto importante mais tarde, daqui a dois, três anos, terá sido correta a política de não mexer mais agressivamente em 95/96. Se, ao contrário, ela se provar relevante, terá sido correta a minha observação".

Arida recusa-se a comentar as divergências que manteve com a equipe econômica no episódio da desvalorização cambial de março de 95, que motivou sua saída do governo – assunto que também o deixa mudo. Mas lembra que sua crítica ao câmbio é antiga, não surge agora: "defendi uma política cambial mais agressiva no passado justamente porque era cético quanto ao ajuste fiscal no curto prazo". E sobre a história não revelada do Real faz uma confidência até hoje desconhecida: "fui eu quem deu a ideia de jogar o câmbio para baixo na partida do plano".

Estado – Quatro anos depois, como avalia o Real que o senhor ajudou a criar?

Pérsio Arida – Avançamos mais do que a melhor expectativa que tínhamos em 1993, quando o programa começou a ser concebido. Muitos achavam que a URV geraria uma hiperinflação, dizia-se que o plano era eleitoreiro e os apoios eram resignados. O que é natural, depois de tantas experiências mal sucedidas. Houve uma explosão de demanda por créditos, o que mostrava um comportamento de desconfiança de parte dos agentes econômicos. Apoiavam mas, na prática, agiam como se o plano não tivesse longa vida. Quando olho hoje esse passado concluo que estamos além do que era possível sonhar.

Estado – Algo poderia ter sido feito no passado?

Arida – Como ponto de partida, a regra básica para uma discussão sobre câmbio aconselha ver e pensar a trajetória sempre para a frente. Portanto, em 1994, 95 e 96, cada momento tinha de ser observado com cuidado para que o câmbio evoluísse de acordo com as expectativas das variáveis que determinam a taxa. E as variáveis críticas são déficit público e vulnerabilidade externa. É óbvio que há algumas relações que valem sempre. Ou seja, quanto mais desvalorizada a moeda, menor a vulnerabilidade externa e mais alta a inflação e quanto maior o déficit público mais desvalorizada a moeda tem que ser. O julgamento de uma política cambial administrada deve ser feito *a posteriori*.

Estado – Passados quatro anos de Real, muita gente, dentro do governo inclusive, faz autocrítica do início da política cambial. Afinal, foi um exagero o dólar ter chegado a R$ 0,83?

Arida – Discordo. A apreciação de câmbio em 94 foi um instrumento muito bom para desinflacionar a economia, num momento de transição crítica. Fui eu próprio quem deu a ideia de jogar o câmbio para baixo na partida, como mecanismo para conter a entrada de capitais. Onde acho que cabe a crítica é depois, particularmente no segundo semestre de 1995 e em 1996, quando a economia entrou num período recessivo muito marcado e juros muito altos. Nesse período, sim, havia espaço para promover uma política de desvalorizações cambiais mais agressiva.

Estado – O Banco Central desperdiçou o momento de desvalorizar?
Arida – Naquele momento havia espaço para desvalorização cambial, associada a juros muito altos e economia desacelerada. E não foi aproveitado. É claro que tudo tem prós e contras. Teria nos custado uma inflação maior. Nada vem de graça. Essa noção de que era possível fazer algo, sem custo, é absolutamente errada. Teríamos hoje uma inflação mais alta. Mas, em compensação, a vulnerabilidade cambial seria menor e, nos prós e contras, eu preferiria a segunda alternativa, particularmente à luz das turbulências externas que começaram em julho de 97. A crítica à política cambial na decolagem do plano é equivocada e a noção de que era possível mexer no câmbio mais agressivamente, mesmo em 95, sem custo para a inflação, também é equivocada. De novo é uma questão de política que será julgada para a frente. Se a vulnerabilidade cambial não se provar um ponto importante mais tarde, daqui a dois, três anos, terá sido correta a política de não mexer mais agressivamente em 95/96. Se, ao contrário, ela se provar relevante terá sido correta a minha observação. Não digo isto *a posteriori*. Defendi uma política cambial mais agressiva no passado justamente porque era cético quanto ao ajuste fiscal no curto prazo. O importante era e é sair de um câmbio administrado e ir para outro mais próximo do mercado.

A COBERTURA OFICIAL

Entre jornalistas, há uma corrente que critica o jornalismo econômico por focar demais o governo, a cobertura oficial, e abandonar a economia real, as empresas, a economia do trabalho, o impacto e a influência dos fatores econômicos na vida das pessoas. A crítica até procede, é verdadeira, mas se acatada e aplicada vai se mostrar inexequível. Infelizmente, não vivemos na Suíça ou Finlândia; nossos problemas são muitos e grandes, o povo é pobre, com baixo nível de escolaridade e depende muito do poder público. O governo interfere excessivamente na economia, seja por vício ou necessidade, empresários e trabalhadores pedem por essa interferência, o paternalismo está impregnado em nossa cultura. Enquanto não resolvermos nossos problemas básicos, é do governo que sairão as notícias mais importantes.

É bem-vindo o esforço da imprensa em cobrir a economia privada, mas, ao final de cada dia, o editor com responsabilidade de fazer escolhas – o que vai ou não aproveitar, o que merece ir para manchete de página, a matéria que vai abrir o caderno – irá constatar que o material apurado no governo tem importância, abrangência e interfere diretamente na vida do cidadão comum, portanto não pode deixar de ser publicado. O problema não é a imprensa que cobre demais o governo, é o país que ainda depende muito do governo. Só o progresso econômico e a redução da pobreza serão capazes de mudar esta realidade.

Isto é uma coisa. Outra muito diferente é o tratamento dado pela imprensa às informações apuradas no governo, ainda muito limitadas a versões oficiais e carregadas de algum defeito. No "decálogo de princípios" que fez circular entre os integrantes do governo Lula, o secretário de imprensa do Planalto, jornalista Ricardo Kotscho, ensina algumas regras: "A informação é um bem público, não propriedade do governo", ou "a informação é um direito e não um favor", ou ainda "é proibido mentir ou tergiversar". Seria muito bom se funcionários do governo assim entendessem a prática do jornalismo. Entretanto, agem diferente das regras de Kotscho. Mas, é verdade, os jornalistas também não têm cumprido sua parte. Ao receberem uma informação oficial, quando muito, procuram a opinião de consultores, economistas-chefes de bancos ou agentes do mercado financeiro, sobre uma determinada medida do governo.

Há um relativo esforço nesse sentido, mas o trabalho ficará mais completo se o repórter associar a decisão do governo a dados de pesquisas, tentar explicar o impacto que esta causa na vida das pessoas. Às vezes a informação é divulgada no final do dia e não dá tempo de ser trabalhada. Se os assessores de imprensa orientassem seus ministros, governadores, presidentes de estatais, para divulgarem informações relevantes sempre pela manhã, teriam um resultado bem melhor nos informativos noturnos de tevê e na edição dos jornais no dia seguinte. Infelizmente, poucos assessores têm esta preocupação.

Ao assumir a presidência do IBGE, em 1999, o economista Sérgio Besserman introduziu o método de liberar para a imprensa pesquisas abrangentes, com cinco dias de antecedência e com embargo para divulgação. A finalidade é dar aos jornalistas tempo maior para trabalhá-las. O resultado foi excelente. O Censo demográfico de 2000 foi todo divulgado desta forma. E foi possível aos jornais e emissoras de tevê traduzirem números frios em um retrato político, social e econômico do Brasil, de forma mais simples e acessível, inclusive com reportagens de campo, mostrando personagens reais que deram vida àquelas estatísticas. E a imprensa respeitou rigorosamente o embargo.

O CASO *THE NEW YORK TIMES*

Em jornais respeitados e responsáveis, a perda de credibilidade é fatal, um passo rápido para seu desaparecimento, para a morte por inanição e para a fuga de leitores. O maior jornal do mundo, *The New York Times*, expressão viva do que os americanos se orgulham de ser: a mais forte democracia do planeta, sofreu um abalo de consequências trágicas, em maio de 2003, quando descobriu que um de seus repórteres mais prestigiados, Jayson Blair, escreveu dezenas de textos recheados de plágios e mentiras. Por ser negro em um país racista e trabalhar em um jornal que alimenta a imagem do politicamente correto, Blair foi crescentemente prestigiado por seus chefes. Valeu-se disto, enganou-os e não mediu ética nem honestidade na ambição de brilhar no mais influente jornal dos EUA. Em uma das reportagens, sobre Aids, transcreveu textos inteiros de uma matéria do *The Wall Street Journal*, de 1987, sem citar a fonte.

Foi demitido junto com os dois mais altos cargos da redação: o editor-chefe, Howell Raines, e o chefe da redação, Gerald Boyd. Os dois tentaram resistir, anunciaram que não pediriam demissão, mas não conseguiram sobreviver vinte dias em seus postos desde a descoberta da fraude de Blair. Pressionados e cobrados por toda a equipe de jornalistas do NYT, pediram demissão em 6 de junho de

2003. Em editorial publicado neste dia para anunciar o afastamento, o *publisher* e principal acionista do NYT, Arthur Sulzberger, escreveu: "A descoberta de que um jovem repórter fraudou ou plagiou grande número de artigos resultou numa extensa cobertura noticiosa, mas a publicidade fora do jornal não foi nada em comparação com a raiva e o exame de consciência interno. Esta semana, o diretor e o chefe da redação decidiram que a repercussão negativa provocada pelo caso Blair os estava impedindo de exercer a liderança eficaz da qual o *Times* precisava. Na quinta-feira ambos pediram demissão". E mais adiante: "O bem de qualquer instituição particular depende de seu pessoal, mas o bem desta instituição depende igualmente da confiança que os leitores depositam nela, uma confiança baseada na crença de que todo dia o jornal luta para corrigir essas coisas".

A credibilidade é o mais valioso patrimônio de um veículo de comunicação. Ela depende fundamentalmente de confiança – dos leitores no jornal, dos chefes nos repórteres, dos repórteres nas fontes de informação. Entre perdas e ganhos, o Brasil exibe um saldo relativamente positivo. Mas com inaceitável frequência há jornais que amplificam o fato, dando-lhe um verniz sensacionalista, ou extrapolam no título para chamar atenção.

Foi no período do *impeachment* do ex-presidente Collor, em 1992, que o jornalismo brasileiro foi tomado pelo denuncismo fácil e irresponsável. Como Collor já estava desacreditado e havia no país um clima político favorável à apuração e punição, os repórteres abusaram da ousadia de publicar informações sem o cuidado de checá-las, sem ouvir os envolvidos. E nesse arrastão cometeram injustiças, puniram inocentes. E pior: deram razões para políticos mal intencionados reclamarem, denunciarem a irresponsabilidade da imprensa e defenderem-se à sombra de tais argumentos.

O SEGREDO DO TEXTO

O texto de economia exige esforço extra do repórter para traduzir, em linguagem clara e acessível, a frieza dos números, os termos técnicos e herméticos usados pelas fontes de informação, pesquisas, balanços, relatórios e documentos do governo. É preciso, sobretudo, saber interpretar com simplicidade e agregar novos dados para projetar e oferecer ao leitor indicações de tendências, para que ele possa planejar sua vida ou seus negócios. As pesquisas mensais do IBGE sobre produção industrial e desemprego, o resultado do mês da balança comercial, por exemplo, são informações que chegam ao repórter de forma técnica e fria. Ao escrever, ele não deve seguir o *script* que leu ou ouviu. Se assim o fizer, vai apenas reproduzir para o leitor a chatice das expressões típicas do economês, que o cidadão comum não é obrigado a conhecer.

É exatamente isso que faz as pessoas identificarem o jornalismo econômico como a "parte chata" e de "difícil leitura" do jornal. No livro *Elementos de jornalismo econômico*, o ex-editor da *Gazeta Mercantil*, Sidnei Basile, afirma que "não há notícias chatas, há matérias chatas, feitas por repórteres e editores chatos, para publicações chatas". Saia da chatice, escreva interpretando, traduzindo em linguagem simples, de fácil compreensão. Coloque-se no lugar do leitor, sabendo que você está se comunicando com alguém que (ainda palavras de Basile) "de um jeito ou de outro, está interessado em dinheiro: como produzir, consumir, poupar e investir dinheiro. São profissionais, executivos, trabalhadores, jovens e velhos, homens e mulheres, de todas as raças e credos, que estão interessados em saber algo a respeito de dinheiro".

Entenda aí o sentido de "dinheiro" de forma ampla, não limitada a obter lucros com aplicação em renda fixa, poupança ou dólar. Se a taxa de desemprego cresce, por exemplo, e o texto é interessante, o desempregado vai ler porque se identifica com o assunto da matéria. E se ela informa que em Ribeirão Preto há uma situação de pleno emprego e até procura por trabalhadores, abre-se para o leitor a oportunidade de um novo emprego, salário e, em suma, dinheiro.

É comum que fontes de informação usem siglas, códigos e termos técnicos para expressarem o que desejam. Elas podem fazer isto, mas o jornalista não tem direito de repassar ao leitor o pacote embrulhado que recebeu. Quando não entender o significado da sigla, desconhecer o sentido da expressão técnica, não se envergonhe: pergunte. O informante vai achar natural a desinformação, mas nunca transfira ao leitor o que você não foi capaz de assimilar. Um texto curto publicado na *Folha de S. Paulo* em 1994 e citado pelo jornalista Bernardo Kucinski no livro *Jornalismo Econômico*, é exemplar nesse sentido. Mostra como o emaranhado confuso de siglas e expressões técnicas deixa o leitor tonto, sem compreender absolutamente nada do que leu. Desconfio que nem o redator que o escreveu entendeu. Veja se é capaz de decifrar:

URV, a faca de dois gumes

    Acaba amanhã o tabelamento do *over* em 56,5%. O Banco Central deve manter a taxa até o final do mês. Com isto, o *over-selic* fechará março com ganho de 46,3% e o CDI-*over*, de 46,9%. O CDI garantiria um juro real de 2,58% frente à inflação média/URV, estimada em 43,2%.

    Para abril, o mercado trabalha com a estimativa de forte aceleração da inflação. Pularia de 43,20% para 45%. Para manter o juro real em 2,58%, o BC teria de sustentar um *over* médio de 63,35% no mês.

    Mas há muitas incertezas no curto prazo, a começar pelo dilema técnico criado pela própria URV. Se o BC inaugurar abril com uma projeção realista para o indexador, de 45%, este percentual vira piso de inflação. Se fixar uma variação inicial baixa, de 43%, o indexador perde credibilidade e provoca inflação em URV.

    E seria melhor baixar o real com a inflação em 45% do que em 60%. O *carry over* contaminaria menos a nova moeda.

    Diversifique nos ativos indexados ao CDI-*over*.

A ARTE DE EDITAR

A rotina de fazer um jornal diário inclui duas reuniões – uma da equipe de produção, que abre e planeja o jornal pela manhã, e outra dos editores com os chefes de redação, no final da tarde, quando é escolhida a matéria que vai para a manchete, as fotos e as chamadas da primeira página, enfim, o que sairá publicado no dia seguinte. Em jornais de circulação nacional *(Estado de S. Paulo, Folha de S. Paulo, O Globo, Valor Econômico, Gazeta Mercantil, Jornal do Brasil)* as sucursais (Brasília, Rio de Janeiro ou São Paulo) participam por meio do sistema de telefonia viva-voz. Na primeira reunião, é discutida e enriquecida a pauta de assuntos que serão apurados ao longo do dia. Entram em cena os repórteres com o trabalho de apuração – os assuntos sugeridos para a pauta e os imprevistos que surgem durante o dia.

Na reunião do final da tarde, cada editor anuncia as matérias mais importantes de sua área. Se as informações sobre esporte fazem sucesso, e cada participante tem um palpite a dar, as de economia provocam gozação. É verdade. Depois de descreverem suas matérias, da forma mais inteligível possível, Ari Schneider e Cida Damasco, os dois editores de economia do *Estado de S. Paulo*, todos os dias ouvem a mesma gozação dos colegas: "Tudo bem, mas o que temos para ler amanhã?". A cobrança do diretor de Redação, Sandro Vaia, é por matérias que interessem mais à vida do cidadão. Ele pede menos aridez e mais leveza nas reportagens sobre economia. Uma das alternativas é reforçar o enfoque dado à microeconomia, a vida real de personagens, das empresas. Mas o dilema é decidir o que desconsiderar na macroeconomia. Sacrificar as decisões de Brasília? As declarações do ministro da Fazenda ou do presidente do Banco Central? No dia seguinte o risco é levar furo de outros jornais, com a matéria na mão.

A escolha de Sofia

No *Valor Econômico* e na *Gazeta Mercantil*, jornais econômicos por excelência, a seleção de matérias não chega a ser um drama, porque, logicamente, é maior o aproveitamento do que é produzido no dia. Mas em jornais como *Estado de S. Paulo, Folha de São Paulo* e *O Globo*, o editor sofre, teme ser cobrado por escolhas erradas e espera por críticas no dia seguinte, quando os chefes comparam a edição com outros jornais.

"A vida aqui é o dilema de Sofia, escolher o que fica e o que sai de uma montanha enorme de informações. É diferente de jornais mais completos e abrangentes. Aqui é como se fizéssemos diariamente um minijornal especializado, com macro, microeconomia e o mundo dos negócios", explica Cida Damasco. Ari Schneider dá os números: "Juntando o nosso e o noticiário produzido pela Agência Estado, lá pelas 16 horas temos umas 1.650 notícias para ler, selecionar e acomodar em um caderno de dez páginas, que comporta, em média, seis matérias por página. A escolha se resume, portanto, às 60 melhores. Este é o nosso drama", diz Schneider.

Não é pouco o esforço de trazer a microeconomia, histórias de vida real, para arejar o noticiário econômico. Mas, no cotidiano, esse tipo de matéria perde sempre na disputa por espaço com aquelas que tratam de decisões macroeconômicas do governo, já que estas não podem ser desprezadas pelo simples fato de atingirem diretamente a vida e o bolso das pessoas. Quando um grande banco compra outro ou uma empresa conhecida incorpora a concorrente, e se algum repórter tem informações sobre os bastidores da transação, o editor não vacilará na escolha. Tal matéria vai substituir a aridez da macroeconomia. Só que negócios desta importância não são fechados todos os dias. Editar é, sobretudo, a arte de fazer escolhas.

Há sempre o recurso da imagem, que pode dar maior leveza ao visual da página, compensando a aridez do texto. Mas em economia isto não é tão fácil. Em esportes, a foto de um gol, o momento exato do chute, transmite emoção e por vezes até dispensa o texto. Em economia, o editor tenta formas de fugir do "boneco" (foto) do presidente ou de seus ministros, mas muito raramente as fotos flagram autoridades em momentos de emoção, como no futebol. Mesmo porque elas são orientadas a se vestir de bom-mocinho, a não fazer caretas nem serem surpreendidas em expressões delicadas ou arriscadas na presença de fotógrafos. A alternativa é recorrer a tabelas, quadros estatísticos e aos infográficos – recurso que une texto e imagem – que ajudam a informar e traduzir o significado dos números para o leitor.

É ÉTICO PAGAR POR UMA INFORMAÇÃO?

Ex-editor-chefe do *Estadão* e *Folha de S. Paulo* e referência de competência e integridade na profissão, o jornalista Cláudio Abramo afirma em seu livro, *A regra do jogo*, que não há uma ética específica para o jornalista. "A ética do jornalista é a mesma do cidadão. Seu papel é o de qualquer cidadão patriota, isto é, defender o seu povo, defender certas posições, contar as coisas como elas ocorrem com o mínimo de preconceito pessoal e ideológico, sem ter preconceito de não ter preconceito". A ética do cidadão vale tanto para o jornalista quanto para o médico ou o operário, segundo Abramo. Específicas são as profissões, cada uma com características próprias. Por vezes, o jornalista se depara com situações em que esta ética pode ser questionada, exigindo dele uma reposta que nem sempre é prevista em regras ou códigos. Por exemplo, vale comprar uma informação? Pagar para o informante concordar em revelar fatos ou entregar documentos e provas? Vale? Há casos e casos, mas como regra geral o jornalista não deve trocar informação por dinheiro. Quem vende, em vez de conceder voluntariamente uma informação relevante, de interesse da sociedade, age de forma desonesta e antiética. O jornalista não pode ser cúmplice de um criminoso ou pessoa de má fé.

Em junho de 1992, quando a população já começava a pedir o afastamento do presidente Collor do cargo, recebi um telefonema de uma mulher que dizia ter informações sobre o esquema PP que me interessavam. Marcamos um encontro na Leiteria Mineira, um restaurante no Centro do Rio. Como não nos conhecíamos, combinamos cada uma levar o exemplar da revista *Exame* que estava nas bancas. A senha deu certo.

Baixinha, feiosa, uns 30 anos, ela afirmava ser secretária do escritório dos amigos de Leoni Ramos, na torre do Rio-Sul, no Rio (citado em minhas matérias), e possuir contas telefônicas, agendas de encontros, testemunhas e outras provas que só me revelaria mais tarde, desde que eu aceitasse algumas "condições". As informações em seu poder não só comprovariam o que o jornal publicara, como acrescentariam outros fatos inéditos, inclusive o relato de uma festa acontecida naquele escritório, com champanhe, uísque e a presença de personagens importantes (que também só me revelaria depois), para festejar o envio para o exterior da última remessa de dinheiro do esquema, que completava a marca de US$ 1 bilhão. Mesmo sem o material em mãos, imaginei que teria provas importantes para reforçar o pedido de *impeachment* de Collor, àquela altura apenas uma possibilidade.

"Tudo bem, você está com o material aqui?", indaguei. Então ouvi o que temia: "Eu te entrego tudo amanhã, mas custa 30 mil dólares". Apelei para a sua consciência e seu senso de cidadania. Ela, irredutível: "Preciso do dinheiro para fugir. Eles vão me matar", justificava. Depois de esgotar todos os argumentos, sem sucesso, respondi que não aceitava, não trocava informação por dinheiro, considerava ilícito. Ela insistiu e sugeriu que levasse a proposta aos meus chefes.

Concordei. Naquele mesmo dia embarquei para São Paulo e conversei com o diretor de Redação na época, Aluízio Maranhão: "Olha, Maranhão, não sei se a empresa tem alguma norma para lidar com situações como esta. Mas se considerar normal pagar, passo o contato, não quero negociar nem escrever as matérias". É claro que não agrada a ideia de pagar por informação. Mas o que mais temia era ser alvo de uma cilada, com o objetivo de desmoralizar meu trabalho anterior. Afinal, não conhecia aquela mulher e por mais que me trouxesse provas, ela poderia denunciar publicamente o meio como as obtive. Seria desmoralizante. Antes de ela surgir, o grupo de Collor já havia tentado desmerecer minhas denúncias através de notas publicadas no jornal *Tribuna da Imprensa* e de uma carta anônima, enviada a todos os jornais e revistas semanais, denunciando um ridículo esquema ABC que agiria na Petrobrás. Entre os integrantes de tal esquema, estariam Julio Mesquita Neto, Roberto Marinho e Roberto Civita, respectivamente donos dos grupos Estado, Globo e Editora Abril, ex-dirigentes da Petrobrás, eu e a repórter Ramona Ordoñez, de *O Globo*. Com exceção da *Folha de S. Paulo*, concorrente direta do *Estadão*, a imprensa não levou a sério a carta anônima. A investida da tal secretária poderia ser a terceira tentativa. Portanto, melhor desconfiar, não aceitar. Decidimos rejeitar a proposta.

Dois casos diferentes

Percival de Souza é um experiente repórter de polícia, 30 anos de profissão e passagem por vários jornais de São Paulo. Ele viveu duas situações em que pagou a dois ex-policiais para obter informações.

O primeiro caso ocorreu nos anos 1970 e o personagem era o policial Ademar Augusto de Oliveira, o Fininho, foragido no Paraguai, que revelou nomes de outros policiais que, como ele, integravam o Esquadrão da Morte, organização policial clandestina que extorquia dinheiro e assassinava bandidos e inocentes. Um deles era o famoso delegado do Departamento Estadual de Ordem Política e Social (DOPS) de São Paulo, Sérgio Paranhos Fleury, responsável pela morte do guerrilheiro Carlos Mariguela.

"Fininho justificou que precisava de uma quantia para escapar da vingança dos denunciados e impôs como condição receber o dinheiro para se sustentar por uns tempos com a família, no Paraguai. O meu dilema era pagar ou correr o risco de perder a matéria", conta Percival. Examinados riscos, ética jornalística e desdobramentos policiais, a direção do *Jornal da Tarde* e o repórter decidiram pagar. O resultado foi uma série de reportagens publicadas no JT e um inquérito policial contra os denunciados.

O segundo caso do gênero, também envolvendo Percival, foi em relação a outro policial, José Luiz da Silva, envolvido com contrabando e um assassinato em São Paulo. Silva cobrou dinheiro por uma entrevista, na qual revelou a participação de policiais federais no crime. Como no primeiro caso, o denunciante alegou precisar de dinheiro para ficar uns tempos fora do ar, escondido na Bahia. A quantia pedida foi paga e o assassinato desvendado. "Não considero isto pagar por informação. O objetivo era garantir a sobrevivência e evitar que as duas testemunhas fossem executadas", argumentou Percival.

E no esporte?

No Brasil, o jogador de futebol que cobrar dinheiro para dar entrevista será duramente criticado e chamado, no mínimo, de mercenário. Ainda bem que nossa cultura é assim. Em outros países, é diferente. Antes de ir para o Catar, o jogador Romário cobrava entre US$ 10 mil e US$ 15 mil por entrevista concedida à imprensa estrangeira. Seu ex-assessor de imprensa, Fernando Santana, conta que Romário era muito procurado por jornalistas do Japão, Holanda e Espanha, mas a maioria desistia da entrevista quando informado o preço. O dinheiro arrecadado era aplicado na fundação "Romário – Projeto Romarinho". Em entrevista que deu em março ao jornal *Gulf News*, Romário teve que se explicar porque passou a cobrar US$ 25 mil por entrevista desde que chegou ao Catar: "Ajudo mais de mil crianças no Brasil que vivem à beira da miséria".

Em 1995, Zagallo, técnico da seleção brasileira, cobrou e recebeu US$ 500 mil por uma série de entrevistas para um jornal da Líbia, numa transação intermediada pela empresa Dar El Saada Publicidade e Investimentos em Projetos Esportivos Ltda. "Cobro o quanto quiser, sou um vencedor e não vejo nada demais nisto", afirmou Zagallo na época.

Romário e Zagallo nunca cobraram de jornalistas brasileiros.

CAPÍTULO IV

Jornalismo econômico *on-line*

Menor de idade, com pouco mais de dez anos de vida, o jornalismo econômico *on-line* cresceu aceleradamente nesse período, criou um novo mercado de trabalho para jornalistas e é o setor do jornalismo com maior potencial de expansão, porque vive ainda sua infância e, assim, tem um longo caminho a percorrer. No exterior, a inglesa Reuters e as norte-americanas Bloomberg e Dow-Jones são empresas que disputam a liderança desse mercado e as informações que veiculam estão presentes em terminais de computador de operadores de bancos, corretoras e departamentos financeiros de grandes empresas do mundo inteiro.

O usuário de jornal, rádio ou televisão consulta o veículo se e quando quiser. O usuário do jornalismo *on-line* precisa da informação como do ar que respira, usa-a como ferramenta de trabalho, não consegue viver sem ela, é ela a matéria-prima para operar seus negócios. No mundo do mercado financeiro, quem não tem informação *on-line* "dança", não obtém lucro e pode perder dinheiro. Por ser de uso obrigatório e ainda pouco explorado no Brasil, é o segmento do jornalismo com maiores chances de se expandir e gerar empregos para jornalistas. É um capítulo novo e extraordinariamente promissor para o jornalismo econômico.

Infelizmente, as universidades ainda não despertaram para esse novo mercado, não informam sobre ele nem formam estudantes aptos a trabalhar, com a urgência necessária, com a informação capaz de mudar radicalmente a posição de um operador de mercado, invertendo a tendência de preço de um produto. O caso da Agência Estado é exemplo deste potencial de mercado e merece ser citado.

Até o final dos anos 1980, se alguém quisesse informar-se sobre o que acontecia no mundo, no país, em sua cidade, recorria a um jornal, revista, rádio ou televisão. E, para se comunicar, usava carta, telegrama, fax ou telefone. As notícias chegavam de todos os cantos do mundo pelo telex, que os mais jovens nem chegaram a conhecer. A informática e o computador eram privilégios de muitos poucos porque, no Brasil, havia uma lei de reserva de mercado que proibia a importação de computadores, e os aqui fabricados, além de caros, eram lentos e ultrapassados. Com o fim dessa lei, no final da década de 1980, os brasileiros passaram a conhecer o poder do computador – como veículo de informações e comunicações – e da Internet, esta gigantesca rede de armazenamento de dados, comunicação e informações segmentadas, presente no mundo inteiro.

A Agência Estado foi a primeira empresa, no Brasil, a perceber que a informação transmitida por meio eletrônico, via computador, criaria um novo paradigma e um mercado inédito, que se abria e pedia para ser investigado, desenvolvido e explorado. No início dos anos 1990, esse mercado era privilégio de países ricos da Europa, Estados Unidos, Japão. "Em 1988, a Agência Estado tinha prejuízo de R$ 400 mil. Em 1991, elevamos o faturamento para R$ 4 milhões e saímos do vermelho. Hoje, em 2003, faturamos R$ 90 milhões e empregamos 430 pessoas, entre elas 141 jornalistas", conta Rodrigo Lara Mesquita, diretor-geral da AE desde 1988 e terceiro dos quatro filhos do diretor responsável do *Estadão*, Ruy Mesquita.

VENDENDO NOTÍCIAS

A Agência Estado foi criada em 1970 e sua atividade, no início, se resumia a vender, para jornais de outros estados, notícias produzidas para o *Estadão* pela rede de sucursais e correspondentes no Brasil e no exterior. Outros grandes jornais do eixo Rio-São Paulo – O *Globo*, *Jornal do Brasil* e *Folha de S. Paulo* – também criaram suas agências na mesma época. Tempos de ditadura militar, essas empresas tiveram o mérito de levar para o interior do país notícias desfavoráveis ao regime, visto que os pequenos e médios jornais tinham como única opção de informação de âmbito nacional a agência oficial do governo. Criada como unidade operacional do grupo Estado, a AE não visava o lucro e seu negócio era adicionar faturamento e dar uso ao enorme volume de notícias que chegavam diariamente ao *Estadão*.

Em meados dos anos 1980 um grupo de jornalistas do *Jornal da Tarde*, à frente Rodrigo Mesquita, começou a trabalhar a ideia de que a indústria de informação estava destinada a viver uma revolução, em função dos avanços tecnológicos em telecomunicações e na informática. "Imaginamos que a base das receitas dos jornais, os classificados, iriam inexoravelmente migrar para sistemas baseados na telemática. Mas as tecnologias ainda engatinhavam, o preço de um microcomputador girava em torno de US$ 10 mil e os serviços de infraestrutura no Brasil eram caros", lembra Rodrigo.

Em 1988 a direção do grupo Estado autorizou Rodrigo Mesquita a levar adiante o novo negócio. Ele trouxe para a AE os jornalistas Sandro Vaia (desde outubro de 2001, diretor de Redação do *Estadão)*, Eloi Gertel (atual diretor editorial da AE) e Julio Moreno (responsável pela área de pesquisa e desenvolvimento nos primeiros anos da nova AE). Eles sabiam onde queriam chegar, mas não estavam certos dos caminhos a percorrer.

Já na década de 1970, quando o jornal inglês *Financial Times* decidiu mudar sua classificação de "empresa jornalística" para "empresa de informação", este núcleo de jornalistas avaliou que a mudança não era meramente formal, era de conceito e conteúdo. "Hoje, a educação é o segmento de maior faturamento da Pearson (empresa que edita o *Financial Times)*, o segundo é edição de livros e o jornal vem em terceiro lugar, embora, dos três, o jornal tenha maior visibilidade externa. Mas a Pearson cresceu porque fez as mudanças necessárias para transformar-se em empresa de informação", diz Rodrigo.

A diferença entre empresa jornalística e de informação é que esta última tem alcance mais largo e amplo, não se limita a produzir notícias para uso jornalístico, busca todas as formas de informação das cotações de ativos e produtos, bancos de dados para pesquisas de uso dirigido a setores variados, prestação de serviços em saúde, educação, enfim, uma ampla gama de informações aplicáveis a determinado objetivo. Na virada dos anos 1980 para 90, a AE transitou por diversas formas de produção e uso de informações, experimentou potenciais parceiros, pesquisou de tudo. O pequeno núcleo de jornalistas que apostou na ideia foi crescendo, foram contratados redatores para darem forma mais organizada ao serviço de mídia (venda de informações para outros jornais, rádios e tevês), oferecendo pautas diárias, matérias especiais e fotos. Mas o objetivo principal da AE ainda estava por ser atingido.

"Em 1988, houve uma reestruturação do grupo Estado e consegui recursos para transformar ideias em negócios. Fui aos Estados Unidos pesquisar os serviços de informação *on-line*, mas era difícil aplicá-los no Brasil pois os preços de computadores e o custo de transmissão eram muito elevados. Decidimos contratar a consultoria da Universidade de Navarra (em Pamplona, Espanha), onde funciona um centro de excelência em comunicação, para completar o já iniciado planejamento estratégico da AE. Eu insistia com os acionistas do grupo que a visão da AE era de futuro, olhar para outras possibilidades, não só o jornal. Como fez o *Financial Times*. Os consultores de Navarra passaram 15 dias montando um retrato do grupo Estado para propor um modelo de empresa de informação", conta Rodrigo Mesquita.

A BROADCAST

O esforço inicial foi dirigido para definir conceito, preparar terreno e projetar a AE para fora dos limites da produção de informações para a mídia. Em 1991, finalmente, o grupo Estado deu um passo decisivo, ao comprar a Broadcast, empresa que, na época, se limitava a repassar para o usuário final cotações de bolsas de valores e de ativos do mercado financeiro, concorrendo com menos de meia dúzia de outras que faziam o mesmo. Não tinha uma linha de informação própria. Além da vantagem de precisar de informação como o homem de alimento para viver, bancos, corretoras, distribuidoras de valores, grandes empresas e investidores em geral concentravam-se em duas praças – Rio e São Paulo – o que aliviava as dificuldades de tecnologia de transmissão, ainda incipiente naquele momento.

No mesmo dia da compra da Broadcast (que conservou este nome e transformou-se no produto líder da AE), a equipe de jornalistas iniciou a montagem de um serviço de notícias econômicas e políticas para ser agregado às cotações. Oferecido ao mercado como o diferencial em relação à concorrência, o *AE-News* estreou com enorme sucesso, as vendas da Broadcast explodiram e, três anos depois, do terceiro lugar, ela saltou para a liderança isolada do mercado.

O *AE-News* – centenas de flashes diários com informações econômicas e políticas que influenciam o rumo do mercado financeiro – foi um aprendizado novo para os jornalistas. Eles aprenderam, por exemplo, que é muito mais importante a velocidade, a informação transmitida no exato momento em que acontece, do que a perfeição do texto. O anúncio de novas regras de mercado, definidas pelo Banco Central, ou a entrevista em que o ministro da Fazenda divulga novas metas acertadas com o FMI são exemplos de informações preciosas, que podem elevar ou derrubar as cotações do dólar, do índice Bovespa e outros ativos. O usuário fica de olho grudado na tela da Broadcast esperando pela notícia, para em seguida dar ordens de compra e/ou venda desses ativos, lucrar ou amargar os prejuízos. Hoje o repórter da AE está treinado, tem telefone celular ligado com o centro de processamento em São Paulo e transmite a informação de forma quase simultânea à divulgação. Mas, no início dos anos 1990, era um aprendizado desconhecido, uma nova cultura a ser assimilada, não só por jornalistas, mas pelos agentes do mercado também.

Em 1994, a empresa Aracruz Celulose convocou a imprensa para divulgar seus resultados financeiros, pontualmente às 9h, antes da abertura das bolsas no Brasil e Nova York, onde ela tem ações negociadas. Logo em seguida à divulgação dos números, o diretor financeiro pediu licença aos jornalistas e voltou ao gabinete para atender a uma ligação urgente. Enquanto falava ao telefone, consultava a telinha da Broadcast, quando se deparou com a manchete: "Aracruz registra lucro depois de três anos de prejuízo". Saiu furioso, entrou na sala da entrevista indagando quem ali representava a Agência Estado. A repórter Jô Galazi apresentou-se. "Como a informação desta entrevista vazou para a senhora?", indagou irritado. "Como vazou, se o senhor acaba de divulgá-la?", respondeu a repórter. Ele espantou-se com a velocidade da repórter em transmitir a informação e da agência em colocá-la na tela.

O PODER DA CVM

Incompreensões a respeito da desconhecida novidade chegaram até a Comissão de Valores Mobiliários (CVM), agência que regula e fiscaliza o mercado de capitais, que se sentiu incomodada com o poder de influência de uma informação determinar altas e baixas nos mercados. A AE começou a perceber o peso de sua responsabilidade e definiu inicialmente dois princípios: 1) a credibilidade é fundamental para uma agência de notícias de tempo real; 2) não poderia permitir que alguém de fora decidisse o que pode e o que não pode ser divulgado. Se para ser respeitada e crescer a agência necessita desfrutar de credibilidade, é de seu interesse e imprescindível que tome, então, iniciativas e institua normas para assegurá-la.

Em 1995, o então presidente da CVM, Francisco da Costa e Silva, convidou-me para uma reunião: queria enquadrar a AE na classificação de instituição financeira, portanto sujeita à fiscalização da Comissão. Seria a volta da censura externa à informação. Reagi na hora, aconselhei-o a se informar antes como funcionavam agências internacionais como Reuters, Bloomberg e Dow-Jones e convidei-o a uma visita à redação da agência, em São Paulo, para ver de perto os trabalhos de apuração, redação e edição das notícias. Ao longo de duas horas, ele percorreu a redação, parou nas mesas, viu como as notícias são apuradas, transmitidas à sede por telefone e despejadas na tela do computador, conversou abertamente com todos, diretores, editores, repórteres. Saiu de lá reconhecendo que seria uma má ideia fiscalizar as notícias ou que coubesse à CVM dizer o que podia e o que não podia ser divulgado.

INFORMAÇÃO E DEMOCRACIA

A informática como tecnologia, o computador como veículo e a informação como conhecimento contribuíram muito para melhorar nossa democracia nos últimos dez anos. No jornalismo econômico, isso teve um significado muito especial, que mudou o paradigma do mercado financeiro, democratizou a informação, tornando-a um bem acessível a todos que dela precisam e que dispõem de um computador. A informação não estava mais disponível apenas para uma casta de privilegiados com acesso a confidências de ministros e burocratas do governo, como acontecia no passado. A difusão aberta de informações que influenciam o mercado financeiro o tornou mais transparente, menos vulnerável a manipulações de agentes mal intencionados, interessados em lucros obtidos de forma obscura. Se tal fosse possível há mais tempo, muitos dos escândalos financeiros do passado teriam sido evitados. Depois da criação de sistemas de informação *on-line* por empresas jornalísticas, os escândalos tornaram-se raros. "Se houvesse Broadcast na época, o caso Naji Nahas (manipulação do megaespeculador Naji Nahas em operações na Bolsa do Rio, em 1987) não teria acontecido", lembra o atual diretor de Redação do *Estadão*, Sandro Vaia.

"Não havia informações em tempo real produzidas no Brasil e dirigidas a brasileiros. O primeiro efeito foi acabar com os boatos das quintas e sextas-feiras, que infernizavam a economia, derrubavam mercados, destruíam poupanças. Os boatos desapareceram porque a informação estava presente em todas as mesas de operação, nos ministérios, nos governos, acessível a todos que lidam com ela. Boatos hoje são imediatamente confirmados, desmentidos, esclarecidos", observa Eloi Gertel, diretor-editorial da AE.

Desde 1995, é comum dirigentes do Banco Central procurarem a AE para darem entrevistas de esclarecimento, sempre que o mercado é alvo de boatos ou ações especulativas. Quando presidente do Banco Central, Gustavo Franco fez isso inúmeras vezes. No início de 2001, ao levar uma advertência do presidente Fernando Henrique Cardoso por ter aumentado o preço da gasolina sem avisar o governo, o então presidente da Petrobrás, Francisco Gros, fez questão de explicar sua atitude à AE, às 8h da manhã, antes da abertura dos negócios com ações da estatal na bolsa. Em março de 2003, uma notícia publicada na imprensa de que a prefeitura de São Paulo não pagaria sua dívida teria derrubado os mercados se, antes da abertura dos negócios, às 9h, o então secretário de Finanças do município, João Sayad, não esclarecesse o mal entendido em entrevista ao serviço de áudio do AE-Financeiro.

Se o espaço em jornal impresso é limitado (o caderno de economia tem 12 páginas, as notícias de política têm que caber em quatro páginas), o espaço virtual do computador é amplo, quase ilimitado. Com isso foi possível amplificar o universo de notícias políticas e econômicas. O usuário dos serviços do jornalismo *on-line* dispõe de quantidade de informações dez, vinte vezes maior do que o leitor encontra no jornal impresso no dia seguinte. E, evidentemente, melhores condições para fazer julgamento e operar negócios.

Mas isso também exige do jornalista treinamento, preparo profissional para entender exatamente o que o usuário necessita para tomar decisões, que tipo de informação será ou não útil. O repórter não deve encher a tela do computador com informações desnecessárias, porque lida com pessoas ocupadas, que não podem perder tempo e sabem o que querem.

A DEMISSÃO DE GUSTAVO FRANCO

Muitas vezes serviços *on-line* trazem informações de extrema utilidade para o mercado financeiro, nem sempre reproduzidas pelo jornalismo impresso. Lembro-me de uma nota veiculada no serviço

Broadcast, dias antes da demissão de Gustavo Franco, em fevereiro de 2000 (para meu espanto, não li nada a respeito nos jornais do dia seguinte), que deu ao mercado noção mais clara do que poderia acontecer com o câmbio nos dias que se seguiriam. Era uma quinta-feira, em uma solenidade no Rio, o ex-presidente Fernando Henrique Cardoso deu uma resposta sutil ao ser questionado sobre boatos de queda do presidente do BC e do ministro Pedro Malan. FHC afirmou que Malan estava firme e confirmado no cargo. E só.

Nenhuma menção a Gustavo Franco. Para um bom entendedor, FHC garantia apenas Malan, Franco estava fora do governo. Foi o que imaginei e os agentes do mercado também. Naquele fim de semana, FHC acertou com Chico Lopes os entendimentos para substituir Franco. Há muito o ex-presidente arquitetava mudar o comando do BC, tanto que, em outubro de 1999, sem avisar a Malan e Franco, encomendou diretamente a Chico Lopes uma proposta de desvalorização do câmbio.

No domingo à noite, Franco e Malan tiveram uma reunião secreta, no Rio, para tentar uma saída que evitasse mudanças no BC. Mas a sorte estava selada e, na segunda-feira, FHC avisou a seu ministro da Fazenda: impossível segurar Gustavo Franco no BC. Sua forte identificação com uma política cambial esgotada há tempos impedia sua permanência no governo. No dia seguinte, o próprio Gustavo Franco anunciou sua saída, em entrevista coletiva. Chico Lopes assumiu, mas sua complicada fórmula para o câmbio – que oscilaria dentro de uma "banda diagonal endógena" – não foi entendida pelos brasileiros nem aceita pelo mercado. O sistema flutuante do câmbio – tão sonhado por parte da equipe que criou o plano Real – não veio por decisão do governo, mas por imposição do mercado. Chico Lopes acabou demitido quinze dias depois.

BANCOS, FORA!

No ano seguinte à compra da Broadcast, em 1992, Eloi Cerrel lembra-se de uma reunião, no Rio de Janeiro, com um grupo de diretores de bancos e corretoras, que manifestavam dúvidas quanto à fidelidade de informações veiculadas por um serviço dirigido ao mercado financeiro. Natural a dúvida. Afinal, além de desconhecida para eles, a ideia da democratização da informação incomodava um mercado fechado, em que os agentes davam curso livre a boatos e inverdades com os quais podiam extrair lucros em suas operações.

"Participavam da reunião Rodrigo Mesquita, Sandro Vaia e eu. Informamos que a família Mesquita não tem bancos, corretoras e nenhum outro interesse fora do jornalismo. Informação é o negócio da empresa, portanto, é nosso interesse preservá-la como um bem público", afirma Eloi Gertel. Ele se recorda de outros serviços informativos dirigidos ao mercado financeiro que fracassaram por pertencerem a bancos (o Citibank por exemplo). "Alguém vai acreditar que a informação veiculada não passou antes pelo crivo do banco? Que não houve manipulação?", questiona Gertel. Realmente, não dá para misturar as coisas. Banco é banco, empresa de informação é de informação e não pode ter interesses no mercado financeiro.

O MERCADO DE AGÊNCIAS

Pouco explorado em seus dez anos de vida, o mercado de agências de notícias que trabalham com informações econômicas segmentadas tem um futuro mais promissor do que os jornais impressos. Seu crescimento está ligado à expansão da economia e seu desenvolvimento. A exploração de novos caminhos ocorrerá à medida que a economia prospere e gere recursos para as empresas investirem. Mas o certo é que ainda há muito a ser explorado, o que abre, portanto, um enorme potencial de mercado de trabalho para novos jornalistas.

O laboratório de Media do Massachussets Institute of Technology (MIT), dos EUA, em parceria com a Tufts University, fez uma interessante projeção estatística, comparando dados de empregos e receitas de jornais impressos com noticiários *on-line*, mostrando o potencial futuro do jornalismo eletrônico. Compare os gráficos:

Empregos na área editorial

JORNAIS – Atualmente apenas 20% dos empregados de um jornal estão na área editorial.

Staff não editorial

Staff editorial

JORNAIS *ON-LINE* – Em jornais *on-line* a maioria do *staff* estará envolvida na produção de informação.

Staff não editorial

Staff editorial

Receitas na área

JORNAIS – Atualmente a publicidade responde por cerca de 80% da receita dos jornais.

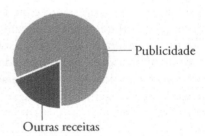

Publicidade

Outras receitas

JORNAIS *ON-LINE* – Se os jornais migrarem para ambiente *on-line*, a maioria da receita virá de outras fontes.

Outras receitas

Publicidade

MIT Media Lab   Fonte: Munow Center, Tufts University

No exterior, a liderança do mercado é disputada entre a inglesa Reuters e a norte-americana Bloomberg, ambas com escritórios no Brasil e terminais de computador presentes em grandes empresas nacionais exportadoras e nas que mantêm ações negociadas em bolsas de valores dos EUA e Europa. Elas prosperaram com a globalização e estão presentes em países da Europa, EUA, Canadá, Ásia e América Latina, transmitindo cotações de produtos e ativos financeiros e notícias produzidas, sobretudo, nos países ricos. No Brasil, as duas mantêm estruturas pequenas e veiculam pouquíssimas informações nacionais, o que representa vantagem para as brasileiras na disputa pelo mercado local.

Nos países ricos, a competição é acirrada. Em abril de 2003, numa reunião anual da empresa, o presidente da Reuters, Sir Christopher Hoog, desolado, reconheceu a perda de mercado em algumas áreas para a Bloomberg. "Ali eu vi o futuro", admitiu, relatando visita que fizera à sede da Bloomberg, em Nova York. Com 151 anos de existência, a Reuters foi a maior do mercado durante muito tempo, mas a perda de posições para a jovem rival levou suas ações a desvalorizarem de 16 libras, há alguns anos, para 1,30 libra em 2003. A Bloomberg nasceu em 1990 e hoje conta com 1,2 mil jornalistas, que geram notícias para 260 mil usuários, espalhados em 126 países.

Entre as nacionais, a Agência Estado é líder isolada e, no segmento de informações para o mercado financeiro, concorre com as estrangeiras, mas detém mais da metade de terminais instalados. A Agência Globo vem em segundo lugar, mas explora pouco o mercado financeiro. As agências Folha e JB (esta última encolheu muito nos últimos anos) estão mais voltadas para o mercado de mídia, fornecendo informações para jornais de outros estados. Com grande potencial de crescimento, há ainda as agências Valor On-line (do jornal *Valor Econômico*) e Invest-News (da *Gazeta Mercantil*).

CAPÍTULO V

As emoções das boas reportagens

Os dez anos que trabalhei na *Gazeta Mercantil* (1976-86) foram excepcionalmente úteis para conhecer o país, a economia, as artimanhas dos políticos, a movimentação do dinheiro público. Ali, vivi momentos de realização, outros de frustração. Para que me servia o aprendizado da engrenagem da economia, distinguir uma operação financeira limpa da suja, identificar funcionários corruptos ou corretos, se o estilo *Gazeta Mercantil* priorizava os negócios e desprezava a denúncia? Afinal, pensava eu, o jornalista é uma espécie de fiscal da sociedade, deve conduzir seu trabalho no sentido da defesa do interesse público. Mas tudo o que aprendi na GM valeu muito, pois apliquei pelo resto da vida. Sem isso não teria acumulado conhecimentos técnicos que usei nas experiências de reportagens que vou relatar nas próximas páginas. Duas delas me deram Prêmio Esso, espécie de "Oscar" do jornalismo brasileiro. Entretanto, a mais relevante delas, porque constituiu um marco na descoberta dos crimes do grupo ligado ao ex-presidente Collor, não me valeu prêmio algum.

O COMPADRE DE SARNEY

Final de novembro de 1988, noite quente, fui a um jantar de trabalho, no Hotel Intercontinental, Rio de Janeiro. Menos pelo evento em si, mais pelas fontes que lá iria encontrar. Pouco antes de sair, conversando com o presidente de um grande banco público e integrante do Conselho de Administração da Petrobrás, ele comentou o ocorrido na reunião da estatal naquela tarde – o novo diretor comercial, general Albérico Barroso Alves, cujo único atributo para ocupar o cargo era o de ser compadre de José Sarney, presidente da República na época, foi acusado de tentar extorquir banqueiros, exigindo pagamento de comissões no desconto de duplicatas emitidas pela subsidiária BR Distribuidora. O assunto foi levado para a reunião pelo próprio presidente da Petrobrás, Armando Guedes, que relatou ter sido procurado dias antes por dirigentes de bancos, que se negaram a pagar a comissão e, por isso, seus bancos foram excluídos das operações financeiras da BR.

Pensei em passar logo a informação para o jornal, mas precisava checar, ampliar informações, tarefas inviáveis àquela hora da noite. Temia que alguém se antecipasse a mim e, pior, estando eu de posse da informação. Dia seguinte, nenhuma linha em nenhum jornal. Fui cedo para a redação e, no final do dia, produzi a primeira matéria denunciando o general e mais dois comparsas – Geraldo Nóbrega e Geraldo Magela – nomeados três meses antes com aval de Sarney e sem aprovação do serviço de informações da Petrobrás, providência que antecipava todas as nomeações. O furo do *Estadão* mobilizou o resto da imprensa e, nos dias que se seguiram, novas informações exclusivas foram publicadas pelo jornal, deixando a concorrência desnorteada. Passei a contar com a valiosa ajuda do diretor da sucursal do Rio à época, Aluizio Maranhão, um "PHD em Petrobrás".

O assunto foi manchete no *Estadão* ao longo do mês de dezembro de 1988. A cada dia, um detalhe novo era acrescentado. Em 13 de dezembro, o general Barrosinho (assim era conhecido no Exército) ameaçou interpelar o presidente da Petrobrás, Armando Guedes (depois diretor do grupo Suzano Petroquímica), na Justiça para que este revelasse os nomes dos sete banqueiros que denunciaram. Três dias depois, os dois auxiliares do general foram demitidos e a imprensa noticiou um acordo para manter Barrosinho no cargo. A TV Globo cedeu três minutos do horário nobre do *Jornal Nacional* para o general se defender, dar sua versão, sem precisar responder a nenhuma pergunta da emissora. Compreendi que sua ligação com o presidente da República era mais estreita e exercia maior influência do que uma simples amizade de compadres.

Apuração relâmpago

Apesar da proteção de Sarney e da Globo, a comissão de sindicância criada por Guedes para apurar a denúncia apresentou resultados em prazo recorde, apenas dez dias, confirmando a extorsão e acusando um quarto personagem da quadrilha até então desconhecido – Eid Mansur – de ser a pessoa que extorquia os banqueiros.

Na época, a Petrobrás era uma corporação fechada, resistia à entrada de intrusos (o general e seu grupo) e ainda era dominada pelo poder político do ex-presidente Ernesto Geisel. Influente na cúpula do Exército, além de convencer os militares a não proteger o general Barrosinho, Geisel desafiou Sarney, dando garantias políticas para Armando Guedes apurar os fatos como aconteceram, sem submeter-se a possíveis interferências da presidência da República. Era preciso agir rápido, apurar logo, demitir o general e comparsas, eliminar os intrusos corruptos e normalizar os negócios da Petrobrás. Por isso a comissão de sindicância apresentou denúncia em tempo recorde. Era disputa política graúda.

No dia seguinte à divulgação do relatório da comissão, fui para Brasília acompanhar os depoimentos do general e dos dois Geraldos – Magela e Nóbrega – na CPI que a Câmara dos Deputados já havia criado para apurar o caso. Os três negaram conhecer o principal acusado, Eid Mansur, e que do grupo havia sido o escalado para extorquir os banqueiros. Ao final do depoimento, aproximei-me do general e fiz uma pergunta irrelevante, daquelas que servem para começar uma conversa. Aí, mantive com ele um breve diálogo que me deixou aliviada, como se ele simbolizasse naquele momento a censura e a perseguição dos militares aos jornalistas nos últimos vinte anos. Agressivo e raivoso, ele olhou-me da cabeça aos pés e indagou dos seguranças que o acompanhavam: "O que faz esta moça aqui? Tirem-na daqui".

Estávamos em 1988, tempo em que os generais não intimidavam mais. Pensando nisso, respondi calmamente, afastando as mãos dos seguranças: "General, o senhor não está em seu quartel, está no Congresso Nacional. Aqui a democracia garante espaço livre para qualquer cidadão. Não vou sair da sala, simplesmente porque não desejo. Se o senhor quiser, retire-se".

Como se pedisse ajuda, ele mirou em volta o perplexo grupo de deputados. Nenhum gesto em seu socorro. Desconcertado, riu cinicamente e afastou-se, fugindo das perguntas. Deixei o Congresso saudando a redemocratização e recordando um episódio parecido que vivi poucos anos antes, de resultado inteiramente inverso. Vale o parêntese:

Era 1980, o Exército havia montado uma farsa para explicar o episódio da explosão da bomba do Riocentro, que matou um sargento e feriu gravemente um capitão (os dois pretendiam lançar a bomba sobre a multidão que assistia a um show comemorativo ao Dia do Trabalho, quando a explosão aconteceu antecipadamente, dentro do carro que os conduziu para o local do evento). Responsável pelo inquérito, o coronel Job Lorena convocou a imprensa para expor o que havia apurado na falsa investigação. Realizada em um pequeno auditório lotado de jornalistas, no quartel do I Exército no Rio, próximo à Estação da Central do Brasil, a suposta entrevista do coronel começou assim: "Quero esclarecer que nesta sessão é proibido falar, perguntar, gravar, fumar e anotar. Ninguém deve se manifestar. Depois de concluída a exposição, todos deverão se retirar em silêncio e ordenadamente".

Sentado ao meu lado; um jornalista inglês da Agência Reuters olhou-me espantado e comentou baixinho: "Nunca vi entrevista sem pergunta". Mas se tratava de um coronel, em plena ditadura. Entre as fotos tiradas pela perícia policial depois da explosão e projetadas para ilustrar as explicações do coronel, algumas traziam o corpo do sargento, sentado no banco do passageiro, com uma tarja negra cobrindo seu colo e escondendo o flagrante do ato da armação da bomba pelo militar.

A plateia em silêncio. Na terceira foto com a mesma tarja negra, levantei-me e perguntei: "Coronel o senhor poderia exibir a foto sem a tarja negra?". Ele respondeu: "A tarja foi colocada para cobrir a genitália do sargento". Retruquei: "Nesse caso a genitália é secundária, coronel. Desculpe a insistência, mas é fundamental mostrar o que a tarja cobre". "Sente-se e cale-se, a senhora está violando as normas desta sessão. Perguntas estão proibidas", ele por fim afirmou, encerrando o diálogo.

Ninguém mais fez perguntas. Quando terminou a "sessão", retirei-me ordenadamente, como o coronel Job Lorena havia recomendado. Ao atravessar a porta, um oficial fardado chamou-me, pediu documentos, perguntou meu nome e onde trabalhava. Depois daquele dia os militares passaram a vetar meu nome no credenciamento para cobertura das visitas do ex-presidente João Batista Figueiredo ao Rio de Janeiro.

O risco da foto

Há situações de risco no jornalismo em que a confiança é absolutamente fundamental. Qualquer falha pode desmoralizar todo o trabalho do repórter. Vivi uma situação dessas ao apurar o caso BR.

Naquela tarde, saí do Congresso desapontada. Afinal, o general e seus auxiliares negaram conhecer o principal acusado, o que extorquia banqueiros. Ao chegar à redação, com alguns telefonemas descobri que Eid Mansur frequentava o escritório de uma empresa onde Geraldo Nóbrega era conselheiro. Portanto, pelo menos este conhecia o acusado. Publiquei a matéria, mas a informante era uma secretária do escritório, que admitiu ter presenciado visitas esporádicas de Mansur. Eu tinha convicção de que os quatro agiam articulados, mas como provar?

Voltei de Brasília no dia seguinte e, mal cheguei à redação, no Rio, recebi o telefonema de um funcionário da BR, propondo um encontro para me mostrar algo importante. Fui correndo. Era uma fita de vídeo de uma festa da BR Distribuidora, onde o general, os dois Geraldos e Eid Mansur apareciam juntos, brindando com uma taça de champanhe. Congelei a cena e o fotógrafo utilizou um filme inteiro no registro.

Tudo bem, não fosse um detalhe: nem eu, nem minha fonte de informação conhecíamos o quarto personagem, não dava para garantir que se tratava de Eid Mansur. Mandei a foto para a redação em São Paulo e lá alguém dizia ter conhecido Mansur na infância e, pelo que lembrava, não se parecia com o sujeito da foto. Decidimos não publicar. No dia seguinte, voltei à minha fonte que me garantia ter ido checar junto a alguém que trabalhara com o suspeito e comprovou: o homem do vídeo era mesmo Eid Mansur. Confiei e dei meu aval ao diretor de Redação, que decidiu publicar a foto e a legenda com o nome dos quatro. Esta foi a prova final, determinante, que incriminou o general.

Assumi a responsabilidade, mas juro, prendendo a respiração até o dia seguinte. Seria péssimo um desmentido, desmoralizaria um trabalho que me custou dias, noites, ausência no convívio com meus filhos, até ameaça de morte. Não aconteceu o desmentido. Valeu a pena confiar naquele informante. Mas será que dá para confiar em todos? Duvide sempre. Cheque tudo à exaustão.

A foto foi a prova pela qual o general Barrosinho não esperava. Pego mentindo ao declarar no Congresso, sob juramento, não conhecer Eid Mansur, não havia mais como Sarney sustentá-lo no cargo. Foi demitido da diretoria da Petrobrás e da presidência da BR Distribuidora, mas transferido para a presidência da Petrofértil, outra subsidiária da Petrobrás, onde ficou pouco tempo.

Lições práticas

Guardo do caso BR algumas lições. A primeira delas vejo reprisada em outros casos, nos últimos 18 anos, desde que o Congresso retomou seu legítimo poder político. Como já afirmei antes, os parlamentares e suas CPIs só se interessam em apurar práticas de corrupção enquanto os holofotes permanecem acesos para eles. Na CPI do caso BR, por exemplo, os trabalhos foram gradativamente diminuindo, depois foram suspensos e, por fim, esquecidos.

Aprendi também a conhecer a Petrobrás, a corporação fechada, com gente da melhor, mas também da pior, qualidade em seus quadros, pessoas que identificavam os interesses da companhia com os do país e outros que não conseguiam enxergar quase nada além do que se passava na sede da avenida Chile, no Rio, e nas dez refinarias do país. O cenário mudou consideravelmente nos anos 90, mas naquela época, em nome de preservar a imagem da corporação, o silêncio acobertou inúmeras fraudes praticadas por funcionários, assim como muitos acordos políticos foram feitos para garantir cargos de diretoria.

Não apenas no episódio da foto, mas no decorrer de toda a apuração, cresceu minha convicção de que confiança e respeito são fundamentais na relação entre repórter e informante. A informação da denúncia contra o general me foi passada em *off* pelo presidente de um banco público. Um dia depois consegui confirmá-la, também em *off*, com dois banqueiros e três funcionários da Petrobrás e da BR. Como todos só concordaram em revelar o que sabiam por meio do *off*, diversifiquei as fontes para ter segurança de publicar a verdade, sem o risco de ser desmentida.

Comecei a perceber também que funcionários, políticos e polícia, cada um em seu papel, costumam seguir um *script* teatral ao enfrentarem casos de corrupção praticados por homens públicos influentes e poderosos. Os políticos de oposição criam CPIs, fazem barulho, juram que os culpados serão punidos e nada acontece. A polícia finge investigar. No caso BR, o ex-presidente José Sarney e o superintendente da Polícia Federal na época, Romeu Tuma, designaram para presidir o inquérito, o delegado Renato Torrano. Depois de dias de esforço inútil para extrair dele fatos novos, revelei-lhe minha decepção:

"Delegado, desculpe, mas eu investiguei mais do que o senhor. E não tenho poder de polícia, não posso tomar depoimentos de acusados, usar mandado policial para entrar em qualquer lugar. Afinal, aonde o senhor quer chegar?" Torrano deu uma desculpa esfarrapada. Respondeu que era novo no caso, ainda estava se inteirando dos fatos. No dia seguinte entreguei um dossiê com todas as minhas matérias: "É para o senhor se inteirar dos fatos, delegado", disse.

Ele agradeceu e, muito gentil, convidou-me a tomar um chope. Claro que não fui. Nos dias que se seguiram, continuei insistindo e ele enrolava a mim e a todos os jornalistas que apuravam o caso. Quando a polícia entra e toma conta das investigações, a imprensa passa a depender da ação policial para alimentar o noticiário. Aí vem a frustração. Há sempre uma decisão, tomada não se sabe por quem e por qual critério, de que o caso será apurado "em segredo de justiça", artifício usado em geral para acobertar o proposital desleixo policial. Sem novas informações, a imprensa não tem como dar seguimento ao assunto, que vai rareando nas páginas, até morrer. E o *script* acaba com final feliz para os criminosos.

Na verdade, o delegado Renato Torrano estava ali "fazendo de conta", fingindo que investigava. Não produzia fatos novos e ganhava tempo até o caso ser esquecido. Afinal, o general Barroso era amigo e compadre do presidente da República. Meses depois, o delegado Torrano ligou com uma novidade: havia sido nomeado, pelo ex-presidente Sarney, ouvidor geral da União. "Que prêmio lhe deu o caso BR, delegado!", provoquei, questionando em seguida sobre o inquérito: "Ah, aquilo passei adiante", e mudou imediatamente de assunto.

O CASO NACIONAL

Banco de varejo, com centenas de agências e milhões de depositantes espalhados pelo país, o Banco Nacional pertencia à tradicional família mineira Magalhães Pinto. Seu maior patrono foi o ex-governador de Minas e ex-ministro das Relações Exteriores, em 1965, José de Magalhães Pinto, falecido. Uma de suas herdeiras, Ana Lucia Magalhães Pinto, era nora do ex-presidente Fernando Henrique Cardoso quando, em 1995, o Banco Central descobriu uma gigantesca fraude no Nacional, que custou mais de R$ 5 bilhões ao contribuinte brasileiro.

Como outros bancos controlados por famílias (Econômico, do baiano Angelo Calmon de Sá e Bamerindus, do ex-ministro José Eduardo Andrade Vieira), o Nacional praticava um modelo de gestão condenado à falência, concedendo empréstimos de alto risco, outros que já nasciam podres e operações financeiras impagáveis em favor dos acionistas. Até 1995, a inflação alta mascarou balanços e escondeu os números negativos desses bancos. A estabilidade de preços os expôs à realidade dos números.

No caso do Nacional, o Banco Central começou a descobrir a falência e as fraudes no segundo semestre de 1995. No final deste ano, a família Magalhães Pinto o vendeu para o Unibanco, mas este excluiu da compra a carteira de créditos podres, até então de tamanho desconhecido. O Banco Central falhou na fiscalização e demorou a descobrir o xadrez financeiro a que recorreram os gestores do Nacional para esconder a fraude dos números. A partir de outubro de 1995, o quadro foi clareando.

Entre outubro de 1995 e fevereiro de 1996, os jornais registraram, aqui e ali, informações sobre a crise do Nacional. Mas a ideia engenhosa, o artifício usado pelos gestores para esconder a real situação do banco ainda era o segredo que toda a imprensa tentava descobrir. Dias antes do carnaval de 1996, conversei sobre o Nacional com um diretor do Banco Central. Tentei convencê-lo da conveniência de divulgar o segredo que inevitavelmente viria à tona, seria apenas uma questão de tempo. Afinal, apesar da venda para o Unibanco, os milhares de depositantes estavam apreensivos, bilhões de reais haviam sido aplicados pelo Proer (Programa de Estímulo à Recuperação do Sistema Financeiro). A população tinha o direito de saber o que se passava e o Banco Central, o dever de informar. Marcamos um encontro para o dia 16 de fevereiro de 1996, uma sexta-feira.

Surpresa e perplexidade foi o que senti ao ouvir o relato do ex-diretor do BC. Lembro que, por diversas vezes, questionei se ele estava certo do que revelava. Como dirigentes de um grande, respeitado e até então confiável banco de varejo, com milhares de depositantes, tinham coragem de arquitetar um sistema de artimanhas e mentiras e imaginar que não seriam descobertos?

No dia seguinte, com a manchete "BC investiga mil operações fictícias no Nacional", o *Estadão* afirmava: "As investigações feitas pelo Banco Central no Banco Nacional detectaram mais de mil pequenas e médias operações de crédito podre (impagáveis), concedidas a empresas e pessoas fictícias, avaliadas até o momento em R$ 5 bilhões. Essa é a razão central do megarrombo no Nacional, que pode chegar a R$ 4 bilhões, depois de deduzido R$ 1 bilhão do patrimônio que sobrou do banco, revertido para o BC. Esse volume gigantesco de fraudes está sendo detalhado pelo BC, mas os investigadores vêm enfrentando dificuldades para identificar os devedores por se tratar ou de fantasmas ou de empresas e pessoas que desconhecem estar envolvidas nessas operações".

Quem poderia imaginar que a tradicional e respeitada família Magalhães Pinto seria capaz de arquitetar tal farsa? Segundo o diretor do BC, os verdadeiros arquitetos pertenciam a um grupo de altos executivos que Marcos Magalhães Pinto havia trazido do Citibank para ocupar funções de vice-presidência no Nacional. O chefe deles era Arnold de Oliveira, um conhecido executivo do mercado financeiro. Vice-presidente da controladoria, Clarimundo Sant'Anna, homem da confiança da família, acompanhava tudo. A fraude consistia em esconder, em um sistema de contabilidade separado e que não apareceria no balanço, as mais de mil contas fantasmas, que após serem avaliadas em R$ 5 bilhões num primeiro momento, foram recalculadas em R$ 6,73 bilhões com o prosseguimento das investigações do BC e da Polícia Federal.

Mesmo divulgada num sábado de carnaval, quando as pessoas viajam ou festejam e pouco leem jornal, a manchete caiu como uma bomba no governo, no mercado financeiro, entre os depositantes do Nacional e na elite política, desencadeando inquérito policial e processo na Justiça. Ao longo de um ano, o assunto foi notícia na imprensa. Em março de 1996, o BC apresentou queixa-crime à Procuradoria Geral da República, listando, entre os envolvidos, os irmãos Marcos e Eduardo Magalhães Pinto e denunciando-os pelos crimes de "divulgação de informações falsas, gestão fraudulenta, indução ou manutenção em erro de sócio investidor ou repartição pública e falsidade de demonstrativos contábeis". A matéria do *Estado de S. Paulo* ganhou o prêmio Esso de "Informação Econômica", em dezembro de 1996, com o título "Operações fantasmas minaram o Nacional", que abriu o texto publicado na página interna do Caderno de Economia.

Com o rombo escondido a sete chaves e sumido do balanço, além de salários milionários os executivos do Citibank ganhavam fortunas em bônus por desempenho, alguns chegando a faturar R$ 5 milhões anuais. Os irmãos Marcos e Eduardo Magalhães Pinto tiveram bens arrestados pela Justiça e passaram um fim de semana em companhia de criminosos comuns, na prisão especial do Ponto Zero, um quartel da Polícia Militar, no subúrbio do Rio de Janeiro.

PP/COLLOR, A GRANDE FARSA

Dois anos de governo foram mais do que suficientes para o país perceber que o presidente da República agia ele forma suspeita, tentava aplicar no Brasil o que fez no governo de Alagoas e com a mesma certeza de poder abafar reações e denúncias. Conheci Fernando Collor de Melo em 1987, quando fui conferir em Alagoas sua promessa de "fazer reforma agrária em terras dos usineiros". Na época, trabalhava na sucursal do Rio da *Folha de S. Paulo*. Desconfiei da seriedade da promessa, sugeri a matéria, o jornal concordou e lá fui eu para Maceió. Tive com o então governador duas longas conversas, ouvi empresários, trabalhadores de cana, políticos e produzi matéria denunciando a farsa da reforma agrária. Pouco tempo depois, ainda governador, no lugar da reforma agrária, Collor fez um acordo com os usineiros, isentando-os do pagamento do Imposto sobre Circulação de Mercadorias e Serviços (ICMS). Com isso, conseguiu os primeiros recursos para sustentar a futura campanha presidencial. Sem a principal fonte de arrecadação (a produção de açúcar é a maior atividade econômica do estado), Alagoas faliu em 1995. Sem receber salários, o funcionalismo entrou em greve, as crianças ficaram sem escola, a população sem segurança policial e o presidente do Tribunal de Justiça foi à Brasília entregar as chaves do Judiciário para o presidente do Supremo Tribunal Federal (STF).

Quando Collor assumiu a presidência, o país foi tomado por denúncias genéricas de empresários contra ele e seu tesoureiro Paulo César Farias, o PC (assassinado em circunstâncias misteriosas, em junho de 1996), mas todas sem provas. Em fevereiro de 1992, fui procurada por um grupo de funcionários da Petrobrás, preocupados com a interferência nos negócios da estatal de três empresas desconhecidas (Edubra, Pollo Petróleo e Tecnape), cujos proprietários eram ligados ao secretário de Assuntos Estratégicos (SAE), Pedro Paulo Leoni Ramos, amigo e afilhado de casamento do presidente. Um deles, o advogado João Muniz de Oliveira Alves, convocava funcionários da Petrobrás para conversar em um escritório na avenida Rio Branco, Centro do Rio, e os ameaçava de demissão caso não concordassem em fazer parte de um esquema para extorquir dinheiro da estatal.

Cuide de sua suíte

Estive com esse grupo em um demorado encontro de tarde inteira, numa sala fechada que o jornal alugou em um clube no Centro do Rio, porque eles diziam ter uma denúncia gravíssima a fazer e podiam sofrer represálias se fossem vistos em companhia de uma jornalista. A seriedade e precisão na cobertura do caso BR, diziam eles, havia sido fundamental para me escolherem para divulgar a denúncia. Contaram que, além de o advogado tentar aliciar funcionários, as três desconhecidas empresas, que nunca haviam operado antes com a Petrobrás, agiam em várias frentes nos negócios da estatal. Ouvi tudo, anotei e, no final, indaguei: "Tudo bem, mas o que me garante que vocês não fazem parte de um outro esquema concorrente?" Afinal, desconfiar é função do jornalista. Já possuía referências positivas sobre dois do grupo, mas precisava testar como reagiriam à provocação da dúvida sobre sua honestidade, para começar a formar opinião. A reação foi imediata e indignada. Mesmo assim, passei um mês investigando, checando informações, acrescentando dados, procurando outras fontes. O principal envolvido, o ministro Pedro Paulo Leoni Ramos, era amigo de confiança do presidente da República. Era preciso ter muito cuidado com a precisão dos fatos que viessem a ser divulgados. Setorista do *Estadão* na Petrobrás, a repórter Rosane de Souza ajudou-me na apuração. Quando tive convicção a respeito da veracidade das denúncias, escrevi a primeira matéria – "Leoni interfere em negócios de estatal" –, manchete da edição de 22 de março de 1992, um domingo. Dois dias antes, já com a matéria escrita, procurei o presidente da estatal, Ernesto Weber, também indicado por Collor. Na conversa, anunciei o que o jornal iria publicar no domingo e perguntei quais providências iria tomar. "Vou apurar tudo", respondeu. Pronto, já tinha garantida a suíte (matéria que dá continuidade ao assunto) para a segunda-feira.

Um país sufocado

Naquele domingo mesmo, começou a chegar ao jornal uma enxurrada de denúncias contra o governo Collor. Nos dois meses seguintes, meu telefone, na redação no Rio, não parou, com pessoas – umas anônimas, outras não – denunciando irregularidades no governo. Parecia um país sufocado, que precisava de um estímulo para tomar coragem, sair do silêncio e denunciar. As matérias do *Estado de S. Paulo* sobre a ação do esquema PP (referência ao ministro Pedro Paulo Leoni Ramos) incentivaram as pessoas a quebrar o silêncio.

Na segunda-feira, o jornal publicou uma denúncia grave: a empreiteira Concic Engenharia foi obrigada a pagar US$ 500 mil para o advogado João Muniz de Oliveira Alves (o mesmo que aliciava funcionários da Petrobrás), para ter uma obra aprovada na refinaria de Mataripe, na Bahia. No mesmo dia, encontrei casualmente, numa fila de banco, um funcionário da área comercial da Petrobrás, que revelou detalhes de uma operação de venda subfaturada de derivados de petróleo para a Argentina, feita pelas três empresas envolvidas. Subfaturado, o preço trazia prejuízos para a estatal e comissão para o esquema PP.

As matérias do *Estadão* abalaram o governo Collor. O então ministro das Minas e Energia, João Santana, foi obrigado a criar duas comissões de sindicância na Petrobrás para apurar as denúncias. Mas com ressalvas: "Não acredito nas notícias do jornal". Ele não contava com a reação da corporação, dos que resistiram à tentativa de aliciamento. A cada dia o jornal trazia novas denúncias.

Nos fundos de pensão

Quatro dias depois da primeira matéria, fui procurada por um ex-dirigente de um fundo de pensão de uma estatal, alegando ter sido pressionado e afastado da direção do fundo por se recusar a executar operações financeiras suspeitas, cujas ordens partiam de gabinetes poderosos de Brasília. Mais uma vez, considerei a denúncia frágil e comecei a investigar, aprofundar, descobrir fatos concretos. Conhecer dirigentes de bancos e mecanismos de operações no mercado financeiro foi fundamental para entender e explicar ao leitor as ações do grupo PP/Collor nos fundos de pensão. Passei três dias investigando e checando informações. Em 20 de março, domingo seguinte, o *Estado de S. Paulo* publicou outra manchete – "Esquema PP desfalca fundos de pensão" – desta vez desvendando operações suspeitas em fundos de estatais.

Comecei a perceber que Leoni Ramos não agia sozinho. Na verdade o esquema não era dele, mas do governo. A ex-ministra da Economia, Zélia Cardoso de Mello, por exemplo, deu ordens para todos os fundos de estatais comprarem ações da empresa Sade Engenharia, que pertencia ao amigo Nelson Tanure (empresário do setor de navegação e depois proprietário do *Jornal do Brasil*). Tanure havia hospedado a ministra, com o namorado, o ex-ministro da Justiça, Bernardo Cabral, na casa de veraneio em Petrópolis. Na época, de tão desvalorizadas, as ações da Sade não conseguiam sequer ser negociadas nas bolsas de valores, mas os fundos acataram a ordem e elas foram compradas a preços elevados.

Amiga de Zélia e por ela indicada para a direção do Petros (fundo da Petrobrás), Célia Lodi e outro integrante do esquema, Francisco França, o Chiquinho da Mafra, manobravam os fundos e as corretoras de valores nas operações suspeitas.

Pressão leva governo a demitir

As denúncias de corrupção no governo desencadeadas pelo esquema PP levaram o presidente Collor a pedir a renúncia de todos os ministros no dia 30 de março, portanto, oito dias depois da publicação da primeira manchete do *Estado de S. Paulo*. Collor queria mostrar ao país que não compactuava com corrupção. No dia seguinte, 31 de março, Pedro Paulo Leoni Ramos foi substituído por Eliezer Batista na Secretaria de Assuntos Estratégicos. Em 5 de abril, o *Estadão* publicou um resumo dos primeiros resultados do caso, com o título "Reportagens provocam queda de Leoni":

> O esquema PP, uma vasta rede de influências que atua nas empresas estatais, foi revelado por uma série de reportagens do Estado, a partir do dia 22 de março, e acabou provocando a queda do ex-secretário de Assuntos Estratégicos, Pedro Paulo Leoni Ramos, diretores e quatro funcionários da Petrobrás. Abaixo a cronologia do caso:
>
> 22 de março – O *Estado* publica a primeira reportagem sobre a existência da rede na área comercial da Petrobrás, montada para favorecer três empresas ligadas a Leoni Ramos.
>
> 23 de março – A Petrobrás cria duas comissões de sindicância para apurar o caso. Leoni Ramos desmente tudo. O *Estado* revela que o advogado João Muniz de Oliveira Alves recebeu US$ 500 mil da empreiteira Concic para ajudar a apressar a contratação de obras numa refinaria.
>
> 26 de março – O advogado de Sérgio Rocha, outro integrante do esquema, admite que ele é amigo e afilhado de casamento de PP.
>
> 27 de março – De volta da Espanha, Leoni Ramos pede demissão. Collor não aceita. A Petrobrás determina que as duas comissões trabalhem secretamente.
>
> 28 de março – O *Estado* publica documentos que comprovam que Rocha e Alves foram sócios numa empresa do esquema.
>
> 29 de março – O *Estado* revela a infiltração do esquema PP nos fundos de pensão das estatais.
>
> 30 de março – Collor exige dos ministros pedido de renúncia coletiva, em consequência das denúncias de corrupção, e inicia nova reforma em seu governo. O caso PP foi a gota d'água.
>
> 31 de março – Leoni Ramos é substituído no cargo por Eliezer Batista.

1º de abril – O governo anuncia que vai controlar os fundos de pensão para coibir irregularidades.

2 de abril – Marco Antonio Rocha Tristão, ex-chefe de gabinete do diretor industrial da Petrobrás, é demitido em consequência das investigações da comissão de sindicância que apurou o pagamento de US$ 500 mil para Alves.

3 de abril – A Petrobrás demite três funcionários acusados de fazer parte do esquema PP, entre eles o superintendente comercial, Hamilton Albertazzi.

Frente a frente com PP

O Caso PP deflagrou a descoberta da rede de corrupção que agiu dentro e fora do governo e permitiu chegar, finalmente, ao presidente da República, em 23 de maio de 1992, quando a revista *Veja* publicou uma extensa entrevista de Pedro Collor, denunciando que PC Farias era testa de ferro do irmão e que 70% do dinheiro arrecadado de empresários ia para o presidente e 30% ficava com PC. O país parou. No Congresso, as CPIs do esquema PP e do próprio Collor concentravam atenção e energia dos parlamentares. Começou-se a discutir o *impeachment* do presidente. Nas ruas, os estudantes "cara-pintadas" pressionavam pela renúncia. De março até dezembro de 1992, quando Fernando Collor de Melo enfim renunciou, o país viveu a pior crise política de sua história. Pela primeira vez, um presidente da República foi expulso do cargo por pressão popular.

Em 24 de novembro de 1992, com o inquérito na Polícia Federal em andamento, o delegado responsável, José Maria Cortes de Barros, convocou-me para uma acareação com Pedro Paulo Leoni Ramos. Tentativa de intimidação? Pode ser, mas se foi, não deu certo.

Preparei-me para a situação. Selecionei algumas matérias em uma pasta e extraí da CPI do *impeachment* de Collor um documento que listava 13 nomes. Luís Octávio da Motta Veiga, primeiro presidente da Petrobrás do governo Collor, afirmara ter recebido a recomendação de nomear estas pessoas para cargos de direção, na estatal e subsidiárias. Era mais uma prova de que Leoni Ramos interferia em nomeações e negócios na Petrobrás. Na sede da Polícia Federal, na Praça Mauá, no Rio, o acusado e eu esperamos um bom tempo pelo delegado, na mesma sala, mas sem trocar palavras.

Estava tranquila quando o delegado nos chamou, colocou-nos frente a frente e indagou se eu confirmava tudo o que o *Estadão* publicou sobre o caso. Respondi que sim e entreguei o documento da CPI de Collor para ser anexado ao processo como prova. Leoni Ramos negou tudo. No dia seguinte, o *Estadão* publicou matéria com o título "Jornalista reafirma denúncias à PF", que começava assim: "Durou duas horas a acareação feita ontem na Polícia Federal do Rio entre o ex-secretário de Assuntos Estratégicos do governo Collor, Pedro Paulo Leoni Ramos, e a jornalista Suely Caldas, diretora da sucursal da Agência Estado no Rio. A jornalista – autora de uma série de reportagens publicadas no *Estado* denunciando as ações do esquema PP – confirmou depoimento anterior de que Leoni Ramos montou uma rede de influências para interferir nos negócios da Petrobrás e em fundos de pensão de empresas estatais".

A carta anônima

Maior empresa da América Latina, o grupo Petrobrás faturou, em 2002, R$ 98,9 bilhões e registrou lucro líquido de R$ 8,1 bilhões. Esses números falam por si e dão a dimensão do poder da Petrobrás de realizar e alavancar negócios e dinheiro para outras empresas. Nos governos militares, quando ela cresceu e se transformou numa espécie de polvo de muitos tentáculos – tantas foram as subsidiárias criadas pelo general Ernesto Geisel –, o presidente da Petrobrás tinha mais poder do que a maioria dos ministros. Diariamente circulam pelo edifício sede, no Centro do Rio, centenas de empresários tentando vender seus produtos e sair de lá com a garantia de um bom lucro para sua empresa. E, nesse vai e vem, valem o lícito e o ilícito, o bom negócio e o suborno. Quando há transações suspeitas em jogo, surge a figura do denunciante, seja ele estimulado por algum interesse contrariado ou imbuído do dever de lealdade à empresa. Apurei muitas matérias desse tipo na Petrobrás, e algumas me causaram transtornos pessoais.

No caso BR, recebi um recado verbal para "ter cuidado com minha vida". Não dei importância, desconfiava ser mais uma intimidação do que ameaça real. No esquema PP; nada aconteceu. Já em 1999, num momento em que realmente não investigava nenhuma operação ilícita (embora houvesse boatos da existência de algumas), recebi uma carta anônima que assustou a mim e à direção do grupo Estado. Postada em 8 de janeiro de 1999, na agência Carioca dos Correios, Centro do Rio, a carta era endereçada ao escritório do jornal, tendo por remetente um suposto Armando Villa Bulhões de Sant'Anna nome e sobrenomes de ex-diretores da Petrobrás – e indicava como endereço o local onde eu morava, no Rio.

Seu texto começava assim: "Dona Suely, a senhora está mexendo com algo muito sério, cuidado com sua pele. Se vier a público o que a senhora está investigando poderão ocorrer os seguintes fatos". E listava oito denúncias contra diretores da Petrobrás (na época presidida por Joel Rennó) e empresários que a eles seriam ligados. E terminava assim: "Como a senhora vê, está mexendo com coisas muito sérias, dona Suely, e sua vida estará correndo sério risco. Cada um desses personagens é capaz de contratar um Chapéu de Couro (perigoso pistoleiro do Nordeste, famoso na época e autor de inúmeros assassinatos) qualquer e mandar lhe passar fogo, como foi feito com aquela política lá em Alagoas. Abra o olho se tem amor à sua vida, já tem gente lhe seguindo até sua casa, em Botafogo, esperando a chance de lhe passar o cerol. Quem avisa amigo é!"

De fato, a carta trazia o endereço correto de minha casa. Levei minha preocupação à direção do grupo Estado que, imediatamente, contratou um esquema de segurança para mim e minha filha que morava comigo. Passei a viver uma situação de prisioneira, sem liberdade e permanentemente acompanhada por uma escolta. Num domingo, minha filha e o namorado foram a uma praia na Urca, que fica dentro de um quartel do Exército. Lá chegando, informou aos seguranças que estaria protegida por militares, portanto eles estavam dispensados e deveriam voltar só às 15h. Mal os dois se acomodaram na areia, o soldado da guarita chegou correndo, indagando quem eram aqueles homens que se diziam seguranças e queriam entrar no quartel para vigiá-los. Apesar da resistência da direção do jornal, preferi arriscar um encontro com o famigerado Chapéu de Couro e afastar o esquema de segurança. Felizmente, nunca me aconteceu nada. E é por isso que continuo aqui, no batente da profissão, para compartilhar com você, leitor, essa e outras histórias.

Poema de Camões substitui matéria vetada pela censura (1971)...

... que também levava à publicação de "calhau" e cartas de leitores na primeira página (1972)

Tiroteio na avenida Chile

"Estrangeiros" amigos de Sarney enfrentam os homens da Petrobrás

ALUIZIO MARANHÃO
SUELY CALDAS

RIO — A sede da Petrobrás, um portentoso edifício onde as luzes, por artes de seu projeto de engenharia e da megalomania estatal, nunca se apagam, transformou-se, mais uma vez, num campo minado para seus altos escalões executivos. Nos andares superiores da maior empresa da América Latina, cujo faturamento anual equivale a 5% de tudo que é produzido no País, trava-se, no momento, uma dura guerra de posições.

Os ecos do tiroteio ultrapassaram, na semana passada, os limites da avenida Chile, centro do Rio de Janeiro, onde além da Petrobrás, o Banco do Brasil e o extinto BNH — hoje Caixa Econômica Federal — formam o "Triângulo das Bermudas" estatal. Denúncias de que executivos da Petrobrás Distribuidora (BR) estariam procurando obter vantagens com os bancos que movimentam as gordas contas da companhia fazem parte da refrega que envolve apadrinhados e poderosos de várias origens.

Suspeitas e acusações atingem auxiliares diretos do general Albérico Barroso Alves, um "estrangeiro" que aportou na presidência da Petrobrás Distribuidora (BR) em agosto, vindo do comando da Artilharia da 1ª Divisão do Exército. Enredados numa comissão de sindicância instalada para apurar casos de extorsão junto a diretores dos bancos que recolhem, diariamente, US$ 20 milhões (Cz$ 12 bilhões pelo câmbio oficial) em nome da BR, esses auxiliares expuseram o general Albérico ainda mais às armadilhas montadas pelos "da casa".

Não é difícil entender por

Sede da Petrobrás: um vértice do 'Triângulo das Bermudas'

que os tiroteios são frequentes na avenida Chile. Imenso, tentacular e estratégico, o complexo que produz 600 mil barris diários de petróleo, opera dez refinarias, emprega de 60 mil pessoas e movimenta cerca de US$ 15 bilhões por ano sempre foi olhado com olhos gulosos por políticos e amigos de autoridades.

O general Albérico Barroso e José Edilson de Melo Tavora, compadres e indicados do presidente José Sarney, são os "estrangeiros" da atual diretoria. Não fossem esses estranhos no ninho, a distribuição de forças no topo da Petrobrás continuaria a de sempre (ver ilustração ao lado). Com a ajuda do amigo de Brasília, porém, os dois não só dispõem de acento na mesa da diretoria como ocupam cadeiras em que estranhos jamais se sentaram.

Reportagem que denunciou corrupção na Petrobrás (1988):
série ganharia o Esso de Jornalismo

Vídeo do caso BR entregue para a Polícia

RIO — O serviço de comunicação social da Petrobrás remeteu ontem ao delegado Gilberto Guis, da 3ª Delegacia Policial do Rio, a fita de vídeo em que o general Alberico Barroso Alves, diretor industrial da empresa, e os funcionários posteriormente demitidos da Petrobrás Distribuidora (BR), Geraldo Magela e Geraldo Nóbrega, aparecem juntos com Eid Mansur Netto, em um coquetel realizado em outubro em São Paulo.

Segundo o relatório da comissão de sindicância criada na estatal para averiguar a sonegação das contas da BR, Eid Mansur era quem, em São Paulo, tentava extorquir o banco. Depois que o Estado publicou fotos desse vídeo, na edição do dia 17, Barroso Alves pediu a abertura de um inquérito policial na 3ª DP para averiguar a responsabilidade pela divulgação das fotos que, no seu entender, teve por objetivo sua desmoralização. Magela e Nóbrega haviam garantido à comissão de sindicância que não conheciam Mansur Netto.

O delegado Gilberto Guis, responsável pelo inquérito, intimou a Petrobrás a entregar o vídeo e o Estado a fornecer os originais das fotografias, o que será feito hoje à tarde, por intermédio do diretor da sucursal do Rio, Ricardo Boechat. Hoje, o Estado publica novas fotos de cenas existentes na fita de vídeo, nas quais o mesmo grupo aparece em conversa descontraída e de maior intimidade, principalmente Magela, Mansur e Barroso Alves. Eid Mansur Netto chega mesmo a pôr a mão no ombro do general. Na Comissão de Fiscalização da Câmara, ele garantiu que esse encontro no coquetel, na Sociedade Hípica de São Paulo, foi o único que manteve com Alberico.

O general, que acumulava a diretoria industrial da Petrobrás com a presidência da BR — com o escândalo da BR — foi transferido para a Petrofértil —, representa, no coquetel, o presidente da estatal, Armando Guedes. O objetivo do inquérito aberto na 3ª DP, segundo o delegado Gilberto Guis, é recolher a fita e as fotos para que o Instituto Carlos Eboli, da polícia carioca, apure se houve adulteração do material: "O resto foge à minha área de competência."

Cenas da conversa no coquetel da Petrobrás: Mansur fala...

...e aponta para Magela, ao se dirigir a Barroso Alves...

...colocando a mão no ombro. Ao fundo, Nóbrega observa

Estado do Rio leiloa ações da Petrobrás

RIO — O governo do estado do Rio de Janeiro vai leiloar hoje, às 15h30, na Bolsa de Valores do Rio, 7 milhões e 66 mil ações da Petrobrás, e espera arrecadar Cr$ 16,7 bilhões se a venda for feita pelo preço mínimo. O secretário da Fazenda, Antonio Cláudio Sochaczewski, disse que o Estado resolveu vender a totalidade da posição do Tesouro em relação às ações da Petrobras "para aplicar os recursos no fundo da dívida pública". Segundo o secretário, "em vez de o Estado buscar o financiamento do déficit no mercado, que opera com altas taxas, ele recompra seus títulos, deixa um cadastro e segura o déficit público".

De acordo com Antonio Cláudio Sochaczewski, o governo do estado esperou a valorização das ações para fazer a operação: "A venda das ações estava decidida há algum tempo. O que se aguardava era o momento mais oportuno", afirmou. Ele esclareceu, também, que não é uma operação extraordinária, mas apenas uma mudança da posição do ativo financeiro.

Como a dívida mobiliária do Estado gira em torno de 120 milhões de OTNs, os recursos a serem arrecadados com o leilão serão de aproximadamente 2% do débito.

6,7% DO CAPITAL

As ações leiloadas equivalem a 0,7% do capital da Petrobrás e serão divididas em dois grandes lotes. O primeiro tem 3.947 milhões de ações ordinárias nominativas (ON) e o segundo, 3.119 milhões de ações preferenciais ao portador (FP).

O primeiro lote equivale a 6,68% do capital ordinário da empresa (com direito a voto) e o segundo a 0,84% do capital preferencial. O preço mínimo para as ON é de Cr$ 1.815,76 por ação, e as FP têm a cotação mínima fixada para o leilão em Cr$ 2.158,08 cada.

Imagens de vídeo desmentem a versão dos envolvidos no "caso BR"

O escândalo da BR Distribuidora em manchete (1992)

Denúncias resultam em abertura de inquérito

A entrevista com Francisco Lopes, que provocaria
dores de cabeça em FHC

BIBLIOGRAFIA COMENTADA

A festa do bode, de Mário Vargas Llosa (Mandarin) – Em estilo jornalístico perfeito e usando recursos de *flash-back*, o escritor peruano faz história e ficção, relatando o assassinato e as atrocidades praticadas pelo ditador da República Dominicana, Rafael Trujillo, morto em 1961. O personagem central da trama, uma mulher dominicana que vivia nos Estados Unidos e regressou ao país anos depois, é o fio condutor desta excelente reportagem.

A Regra do Jogo, de Cláudio Abramo (Cia. das Letras) – Abramo é um mestre, que exerceu o jornalismo como se fosse uma arte. Neste livro, que reúne crônicas, artigos e textos de análise, ele deixou um legado importante para o futuro da profissão. Da ética às relações do profissional com a empresa, passando pela edição, o trabalho de apuração do repórter e seu compromisso com a verdade e a História. O que exige do verdadeiro jornalista uma combinação de ceticismo e paixão.

Anjo pornográfico, de Ruy Castro (Cia. das Letras) – Biografia de Nelson Rodrigues, jornalista, cronista, dramaturgo, escritor, crítico de tipos humanos e torcedor fanático do Fluminense. Ruy Castro conta com vibração e paixão a trajetória da vida de Nelson, as histórias vividas nas inúmeras redações por onde passou e outras que ele levou para as crônicas de "A vida como ela é". Quem gosta de jornalismo com certeza vai se interessar em conhecer mais fundo este jornalista genial.

Chatô, o rei do Brasil, de Fernando Morais (Cia. das Letras) – Assis Chateaubriand, o Chatô, construiu o império "Diários Associados" (rede de jornais e rádios espalhados em quase todos os estados do país), com pouca ética e muita inteligência. "A prudência é burra", disse a um amigo aos 14 anos de idade. Desde então, ele fez da ousadia um método de ação no jornalismo. Se fez fortuna vendendo entrevistas e matérias, inventou no Brasil a publicidade, que garantiu independência financeira à imprensa nos anos 1950.

Deu no jornal – o jornalismo impresso na era da Internet, organizado por Álvaro Caldas (Ed. PUC-RJ) – Uma coletânea de análises escritas por onze professores da Pontifícia Universidade Católica do Rio de Janeiro sobre diversos aspectos e especializações do jornalismo impresso, pós-mudanças introduzidas pela Internet. Há textos de Ana Arruda Calado, Arthur Dapieve, Claudio Henrique, Israel Tabak, Ernesto Rodrigues, Ivan Yazbeck, Fernando Villela, Clarice Abdalla, Miguel Pereira e Fernando Ferreira, além do próprio Álvaro Caldas.

Elementos do jornalismo econômico, de Sidnei Basile (Negócio Editora) – Jornalista e professor universitário, Basile descreve sua experiência de jornalismo econômico empresarial praticado pela *Gazeta Mercantil* e revista *Exame*, onde ocupou cargos de chefia, comandando editores, repórteres e redatores. Escrito em estilo didático, com resumos ao final de cada capítulo, o livro é dirigido a estudantes de Comunicação.

Jornalismo econômico, de Bernardo Kucinski (Edusp Editora) – Os dados numéricos sobre dívida externa, investimentos, tarifas, balanço de pagamentos datam dos anos 1980/90 porque o livro foi escrito em 1992 para uma tese de pós-doutorado. Mudaram os números, mas não os problemas que afligem nossa economia. Aliás, outros foram acrescentados. Em 2000 o autor fez uma revisão do texto, incluindo fenômenos e temas atuais, como a globalização.

Jornalismo esportivo, de Paulo Vinicius Coelho (Contexto) – O esporte, sobretudo o apaixonado futebol, praticado nos jornais, rádios e televisão. Comentarista e chefe de reportagem da ESPN Brasil, o autor conta pequenas histórias humanas e engraçadas passadas com jornalistas esportivos nos bastidores da apuração de informações.

Mídia e política no Brasil, de Alzira Alves de Abreu, Fernando Littman-Weltman e Monica Almeida Kornis (Ed. FGV) – Os três pesquisadores da Fundação Getúlio Vargas tratam das restrições à liberdade de imprensa impostas pelos militares depois de 1964 e a transição para a democracia. Interessante principalmente o capítulo sobre jornalismo econômico, de Alzira Alves de Abreu, que relata episódios da resistência das editorias de economia à imposição da censura e da verdade única da ditadura.

Depoimento, de Denio Nogueira (Ed. FGV) – Da série "depoimentos de personagens políticos ao CPDOC/FGV", o livro contém informações históricas da época da ditadura militar, importantes para entender como o estilo autoritário e centralizador dos generais era imitado pelos realizadores da política econômica. A conspiração e a intriga fizeram vítimas, inclusive quem aderiu ao governo, entre eles o autor, um ex-presidente do Banco Central do governo Castello Branco.

Minha razão de viver, de Samuel Wainer, com organização de Augusto Nunes (Record) – O jornal *Última Hora* era a grande razão de viver de Samuel Wainer. Pela sobrevivência do jornal, tudo valia, até "vender" espaço a políticos, como uma entrevista feita com o ex-governador de São Paulo, Ademar de Barros. Livro autobiográfico, a vida de Wainer se confunde com a história política e da imprensa do país do século passado, até os anos 1970.

Notícia de sequestro, de Gabriel García Márquez (Record) – Outra reportagem perfeita, conta detalhes e lances de uma série de sequestros a jornalistas, políticos e intelectuais colombianos, mantidos por muito tempo em cativeiros pelo chefe do narcotráfico Pablo Escobar. A descrição psicológica do narcotraficante, um homem inteligente e cruel, deve ser assimilada como modelo por quem cultiva a boa reportagem.

Olga, de Fernando Morais (Cia. das Letras) – Biografia de Olga Benário Prestes, mulher do comunista Luis Carlos Prestes, entregue pelo ex-presidente Getúlio Vargas para a Alemanha nazista e assassinada pela polícia de Adolf Hitler. O autor usa recursos da reportagem jornalística e constrói a história com fatos até então desconhecidos. Com Camila Morgado no papel de Olga, o diretor Jayme Monjardim lançou o filme sobre a história da revolucionária comunista em 2004.